运动功能解剖学

（第2版）

骨骼、肌肉和关节结构与功能指南

[英]小西奥多·戴蒙（Theodore Dimon, Jr.）著
[英]约翰·夸尔特（John Qualter）绘

郭丞 译

人民邮电出版社

北 京

图书在版编目（CIP）数据

运动功能解剖学：骨骼、肌肉和关节结构与功能指南：第2版 / （英）小西奥多·戴蒙 (Theodore Dimon, Jr.) 著；（英）约翰·夸尔特 (John Qualter) 绘；郭丞译. -- 北京：人民邮电出版社，2020.8
ISBN 978-7-115-49846-5

Ⅰ. ①运… Ⅱ. ①小… ②约… ③郭… Ⅲ. ①运动解剖 Ⅳ. ①G804.4

中国版本图书馆CIP数据核字(2019)第250632号

版权声明

免责声明

本书内容旨在为大众提供有用的信息。所有材料（包括文本、图形和图像）仅供参考，不能替代医疗诊断、建议、治疗或来自专业人士的意见。所有读者在需要医疗或其他专业协助时，均应向专业的医疗保健机构或医生进行咨询。作者和出版商都已尽可能确保本书技术上的准确性以及合理性，并特别声明，不会承担由于使用本出版物中的材料而遭受的任何损伤所直接或间接产生的与个人或团体相关的一切责任、损失或风险。

内 容 提 要

运动功能解剖学是运动相关学科的基础和必须学习的内容。

本书结合近百幅独立 3D 解剖图，对人体骨骼、肌肉与关节的结构及功能进行了展示和介绍，并对三者在运动过程中的相互作用过程进行了细致讲解。此外，本书对骨骼、肌肉与关节在日常生活或运动中可能发生的形变与损伤过程进行了解读。不论是健康、健身和体能训练行业的从业者，还是运动及健身爱好者，都可以通过本书对身体——这一体育运动的中心有更加深入的了解。

◆ 著　　　　[英] 小西奥多·戴蒙（Theodore Dimon, Jr.）
　　绘　　　　[英] 约翰·夸尔特（John Qualter）
　　译　　　　郭　丞
　　责任编辑　刘　蕊
　　责任印制　周昇亮

◆ 人民邮电出版社出版发行　　北京市丰台区成寿寺路 11 号
　　邮编　100164　　电子邮件　315@ptpress.com.cn
　　网址　https://www.ptpress.com.cn
　　　　　　三河市君旺印务有限公司印刷

◆ 开本：700×1000　1/16
　　印张：10.75　　　　　　　　　　2020 年 8 月第 1 版
　　字数：171 千字　　　　　　　　2025 年 9 月河北第 27 次印刷
　　　　著作权合同登记号　图字：01-2017-3645 号

定价：68.00 元
读者服务热线：(010)81055296　印装质量热线：(010)81055316
反盗版热线：(010)81055315

谨以此书献给我的祖父

帕诺斯·戴蒙（Panos Dimon）

以表达我对他的敬爱之情

译者序

西方医学对人体解剖学的记载是从古希腊著名医生希波拉底开始的，其主要研究内容是人体各部分的形态、结构、位置、毗邻及结构与功能关系。随后，意大利著名艺术家和学者达·芬奇通过研究人体肌肉结构，运用力学原理叙述了人体重心、平衡与阻力中心之间的关系，解释了人体站立、步行原理以及肢体在运动中的协调作用，为人体运动解剖学的发展奠定了基础。现代的运动解剖学作为一门新兴学科，旨在以人体解剖学研究为基础，更加详细地阐述体育运动对人体形态、结构的影响和发展规律，以探索人体结构与体育技术动作的关系，并在了解运动对人体形态结构的影响及规律后，运用解剖学知识解决运动中的实际功能问题。

本书从身体的运动功能视角出发，主要研究了身体的骨骼、肌肉和关节与运动的关系，并从身体如何正常工作的角度观察和研究了身体的解剖学运动系统。例如，在功能视角下，研究人类与四足动物相比，其肢体在进化为直立行走后，发生了何种形态和功能的变化。虽然本书的内容并未涵盖人体解剖学中全部的内容，如心血管、消化、生殖和神经系统，只介绍了与运动有关的肌肉等结构，但它涵盖了实际需要掌握的与运动相关的全部解剖学知识，并配有插图和讲解。

作为一本可以帮助教授解剖学知识的工具书，本书有以下较为突出的特点。首先，内容简单明了，舍弃了许多不必要的复杂解剖学细节，并在插图中只展示学习所需的一块或几块肌肉。其次，为了让读者在学习过程中能够深入理解，以及在学习后能够真正掌握相关的解剖学知识，本书对解剖学结构和人体如何运动都进行了针对性的说明，并提供了必要的背景知识。再次，本书的知识点紧跟时代发展，对运动解剖学内容进行了更新，如在第20部分介绍的躯干螺旋线肌肉系统，就是以近年来流行的筋膜理论为基础，将躯干看作是被肌肉包围的圆柱体，而围绕躯干的肌肉视为整体，形成的由头部至骨盆的肌肉系统。此外，本书为了让读者不再对"吓人"的解剖学专业词汇挠头，在文中注解了专业词汇的词根和词源（例如颅骨-cranium一词在希腊语中是"头盔"的意思），同时为便于中国读者学习和使用，本书在翻译过程中保留了重点专业术语的英文。

在通读原著后，我觉得本书图文并茂，内容翔实，且不枯燥乏味，是一本较好的学习用工具手册。学习者可以在循序渐进的学习过程中理解和掌握功能解剖学基本知识，还能拓宽视野，发现和思考学习和应用中的新问题，从而有所启迪。同时，读者可以感觉到作者的用心和人文关怀，提高学习和阅读体验。鉴于本书的上述特点，主要阅读对象除了教授体育课程的教师、学生、运动和舞蹈从业者外，还应包括需研究骨骼肌、身体的运动控制、康复科学、运动人体科学等领域的研究人员。

在翻译本书的过程中，我认真听取了物理治疗和运动解剖领域专业人员提出的许多建设性的意见和建议。衷心感谢原著作者的创作和付出，并感谢国家体育总局训练局体能训练中心王雄老师的全力相助。原著中有些专业词汇的概念有所区别，为保持原著特色并忠于原著作，除明显不妥之处加以修正外，均依照原文翻译。尽管译者做出很大努力，但囿于水平和时间，译文中存在的欠妥、错漏之处，恳请读者在发现后不吝指教。

郭　丞

第 2 版序

　　虽然这本书最初被设想为一系列辅以简单线条图的讲座内容，但是，第2版图书的特点在于内容极其详细、通俗易懂，并配有3D插图，使其比第1版图书的描述更完整，更具参考价值。本书通过建立基于肌肉骨骼系统的精准数字模型，将肌肉和骨骼以最佳角度更清楚地展示出来。

　　衷心感谢共同研发Biodigital系统的伙伴约翰·夸尔特，他运用自己的远见卓识和耐心，协助创建了整个人体解剖的数字模型。衷心感谢劳伦·埃德加和约翰·雷驰，他们为Biodigital系统创作了大量的优质插图，其中很多图片都是从零开始绘制的。

　　衷心感谢达里尔·拉热内斯和CD传媒工作室，他们创作了简明又不失重要细节的数字肌肉骨骼模型，为整个项目奠定了基础。

　　衷心感谢North Atlantic Books的萨拉·塞拉斐米蒂斯，她为本书的第1版和这一版本付出了很多努力。最后，衷心感谢项目编辑松田久惠和杰西卡·西维，以及来自North Atlantic Books的艺术主管波拉·莫里森和新版本的设计者布莱德·格林。

序

　　这本书的内容最初是为了在纽约市戴蒙学院讲述亚历山大健身技术而创作的解剖学入门课。这本书的目的是为广大教师和学生提供有关运动学的基本内容，包括所有与运动相关的肌肉、骨骼和关节的内容。更具体地说，它是为从事体育教学相关工作的人而生的，他们可以把自己的体育教学课程与解剖学知识结合在一起。本书作为实用手册，不仅仅有解剖学结构的图片和名称，还能把一系列材料紧密结合起来形成讲义，让教育者可以逻辑清晰、条理清楚地教授解剖学知识。书中包括大量的说明性内容，可以作为对运动和舞蹈方面有知识需求的学生的自学手册。

　　著成本书的最大原因，同时也是我认为本书区别于同类图书的最大特点是内容简单明了。解剖学已经发展成为与医学紧密相关的一个学科，解剖学文章往往专业性极强且解释详尽，但是似乎传授知识的作用并不明显。对许多人来说，这类书籍不仅不能传递必要的和相关的运动解剖学知识，还包含了大量与解剖学不相关、不必要的内容。同时，因为讲解了过多细节，这类书籍无法以简单易懂的方式解释肌肉和骨骼是如何工作的，使教师和学生对于身体是如何运动的问题感到更加困惑。本书不仅能够帮助读者了解解剖学，更能帮助读者深入理解解剖学。

　　基于以上的想法，本书只包含了学生真正需要的运动解剖学知识，并配有插图和讲解，舍弃了许多不必要的复杂细节。出于相同的考虑，插图中没有展示所有的肌肉层，而是每次只展示必要的一块或几块肌肉。本书还提供了必要的背景知识，以帮助学生理解这些内容。如果没有解剖学结构和人体运动方面知识的书面解释，学生很难看懂这些内容。

　　本书以尽可能简单易懂的方式，分部分展示了不同肌肉和关节的相关知识，但未因过度简化而舍弃必要的细节。本书分为31个部分，内容可满足在半年或一年的课程里每周授课一次。每一部分涵盖身体的一个基本区域的内容讲解，并附有简单明了的插图。本书的前两个部分讲述了基本术语和解剖学结构，其他章节覆盖了身体的不同区域，包括头颈部、背部和腹部等。

　　本书还涉及其他相关知识：骨骼；肌肉的起止点及功能；关节、韧带和关节运动形式；主要的功能结构——骨盆、肩胛带、踝关节和髋关节；解剖学术语及其来源；主要标志点和人体姿态；与呼吸和发声相关的结构等。

　　同时，本书内容还涉及喉、面部肌肉和喉部肌肉，以及颅骨。

　　虽然这些结构和外部运动不直接相关，但它们也是肌肉骨骼系统不可或缺的一部分。对于任何舞蹈家、演员或体育教育者来说，这些结构都是身体的重要组成部分，他们必须了解其工作原理。与书中提到的其他系统一样，这些肌肉将在讲解所在身体各个区域的相关内容时被介绍。

　　我希望，通过对本书的学习，广大教师和学生不仅可以提高对解剖学的认识，还能对身体的运动形成有更强的自我意识。鉴于这一目的，本书出版了第2版，以便读者更直接地关注与人体运动相关的解剖学结构和功能。

插图列表

目　录

导论：什么是解剖学

对大多数人来说，解剖学令人望而生畏。探索身体内部、学科的科学性、较难理解的神秘结构以及复杂的专业名称，这一切都让人在学习解剖学的过程中望而却步，更不要说这是多么严谨的一门学科，大多数学生都会感觉索然无味。但事实上，解剖学也可以是生动有趣、令人着迷的。当对解剖学术语进行分类、整理和排序后，你会发现，几乎没有什么是真正令人畏惧的。

"解剖学"（anatomy）一词，从词根（tom）的角度来解释，就是"切"的意思。简单地说，它是我们从切开身体进行研究的过程中了解到的，对于身体部位和结构的客观说明。与之相反，"生理学"（physiology）的意思是"关于自然的研究或阐述"，即"身体是如何正常工作的"。解剖学研究的是结构，是对身体部位的识别和命名；而生理学研究的是功能，是理解机体是如何正常运转工作的。

在本书的开头，我想要特别说明，本书的内容并不涵盖系统解剖学的全部内容，广义上的解剖学还包括心血管系统、消化系统、生殖系统和神经系统等。我们这里所关注的解剖学仅限于肌肉骨骼系统，即与动作和肌肉运动有关的结构，包括呼吸和发声。本书是为那些对肌肉张力、认知、身体控制和运动有兴趣的人创作的。

功能解剖学主要研究运动和肌肉，并从身体如何正常工作的角度来看身体。例如，我们研究与四足动物相比，人类的腿部是如何进化成直立，然后站立行走的，这就是功能视角下的解剖学。如果你想知道人体为什么是如今的形态，功能解剖学能帮助你；如果你想要传授给别人这些知识，本书也有很大作用。本书中涵盖了大量功能解剖学的内容，我们在实际教学的过程中，不仅仅关注结构的位置，还关注身体运动以及保持平衡的原理。然而，在运动解剖学和功能解剖学领域中，任何严谨的专业人士都需要有传统解剖学（traditional anatomy）的基础知识背景，以帮助识别主要的肌肉、骨骼和关节，这是进一步学习的基础。本书的基本目标是从运动和功能的角度，进行解剖学的基础教学。

在最初学习关节、韧带和肌肉的专业术语时，有些部位的解剖学名称通常又长又吓人，如寰枕关节（atlantooccipital joint）、胸锁乳突肌（sternocleidomastoid muscle）等。但请记住，首先，我们目前学习的解剖学术语源于拉丁语和希腊语，所以，当你认出术语中的词根，追溯词源后，会发现那些词并不像看上去那样可怕，例如"颅骨"（cranium）一词在希腊语中是"头盔"（helmet）的意思，"髋臼"（acetabulum）是个拉丁词语，意思是"小碗"（small bowl）。事实上，大多数解剖学结构，是以与它们形态相似的事物命名的。有意思的是，有一个结构叫"髋骨"（innominatum），它与我们所知的任何事物都不相似，所以它的术语的意思是"没有名字"（no name）。你们并不需要为了理解解剖学术语而去学习什么神秘的术语或语言，它们仅仅是以其他语言的方式进行了简单的描述而已。

其次，很多肌肉和关节的名称之所以很长，是因为它们表示了连接的两个端点。例如，"寰枕关节"的"寰枕"（atlantooccipital）是指由寰椎和枕骨部组成的关节；"胸锁乳突肌"的"胸锁乳突"（sternocleidomastoid）是指从胸骨和锁骨到头部乳突附着的肌肉。在许多情况下，如果你知道肌肉连接的两个端点，你就弄明白这个术语了。此外，有些名称并不是专业医生和临床医师使用的医学术语，而是另一种语言的简单描述性名称，通常只有医务人员使用。了解这一点有助于理解其他名称较长的专业术语。

最后，不要期望或尝试一次性掌握本书中的所有内容。与大多数学科一样，理解所学知识需要时间，不是一朝一夕就能完成的。当你在这一领域逐渐深入学习、积累一定经验后，零散琐碎的知识就会被串联在一起，构建成庞大的知识网络。到那时，你会发现，对于某些特定的肌肉和关节以及这些解剖学结构的术语，你已经了如指掌、烂熟于心。无论是学生、教师还是专业人士，通过学习本书的内容，都会变得越来越自信，轻松地学习并掌握解剖学知识。

1
解剖学术语

在学习解剖学或运动相关知识时，我们必须先了解一些描述空间位置和关系的术语。它们都与标准解剖学姿势相关，即像大多数解剖图中的姿势一样，身体直立，手掌朝向前方。

面

为了描述解剖结构的三维位置，身体被分成三个面（图1）。

a.正中面或矢状面

它是将人体分为左右两部分的纵切面。

b.冠状面或额状面

它是将人体分为前后两部分的纵切面。解剖学术语中的"前"和"后"与此平面相关。有些学者用这一术语来描述头部在脊柱上的位置。

c.水平面或横切面

它是指将人体分为上下两部分的水平切面。

解剖学方位和位置（图2）

a. 上或颅侧

上或更接近头的位置。

b.下或尾侧

下或更接近脚的位置。

c.前或腹侧

前或更接近身体腹侧面的位置（与额状面相对应）。

d.后或背侧

后或更接近身体背侧面的位置（与额状面相对应）。

e.内侧

距正中面或中线更近者为内侧。

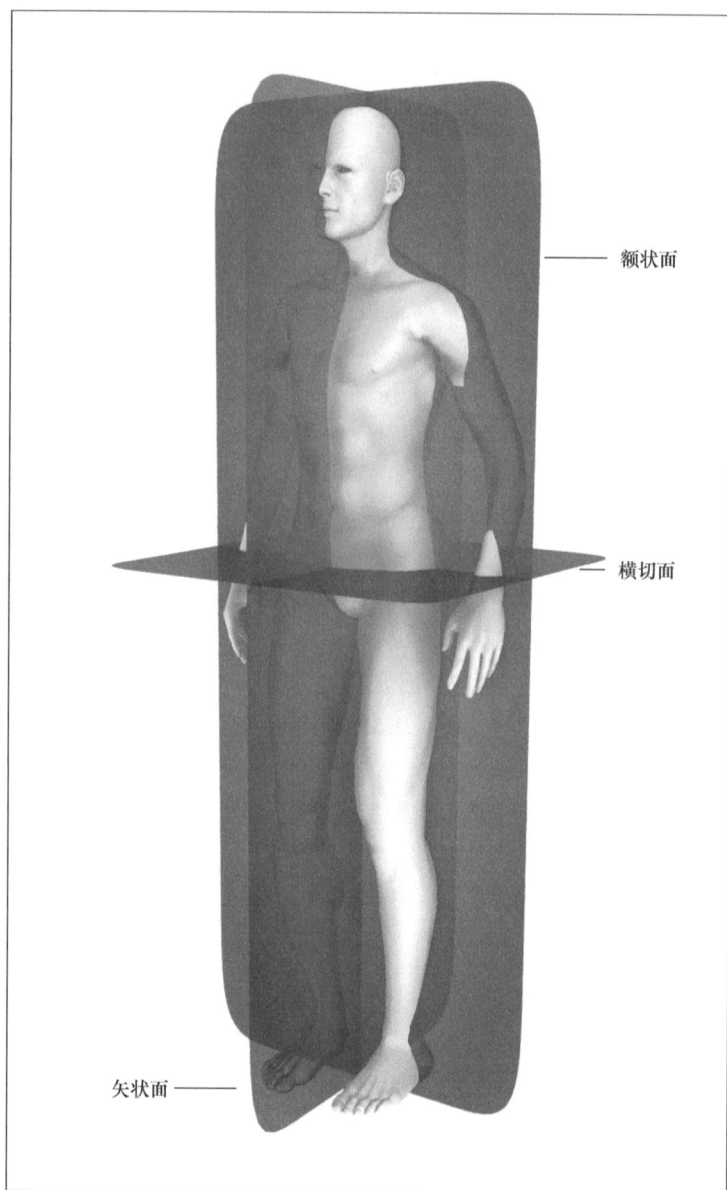

图 1 解剖面

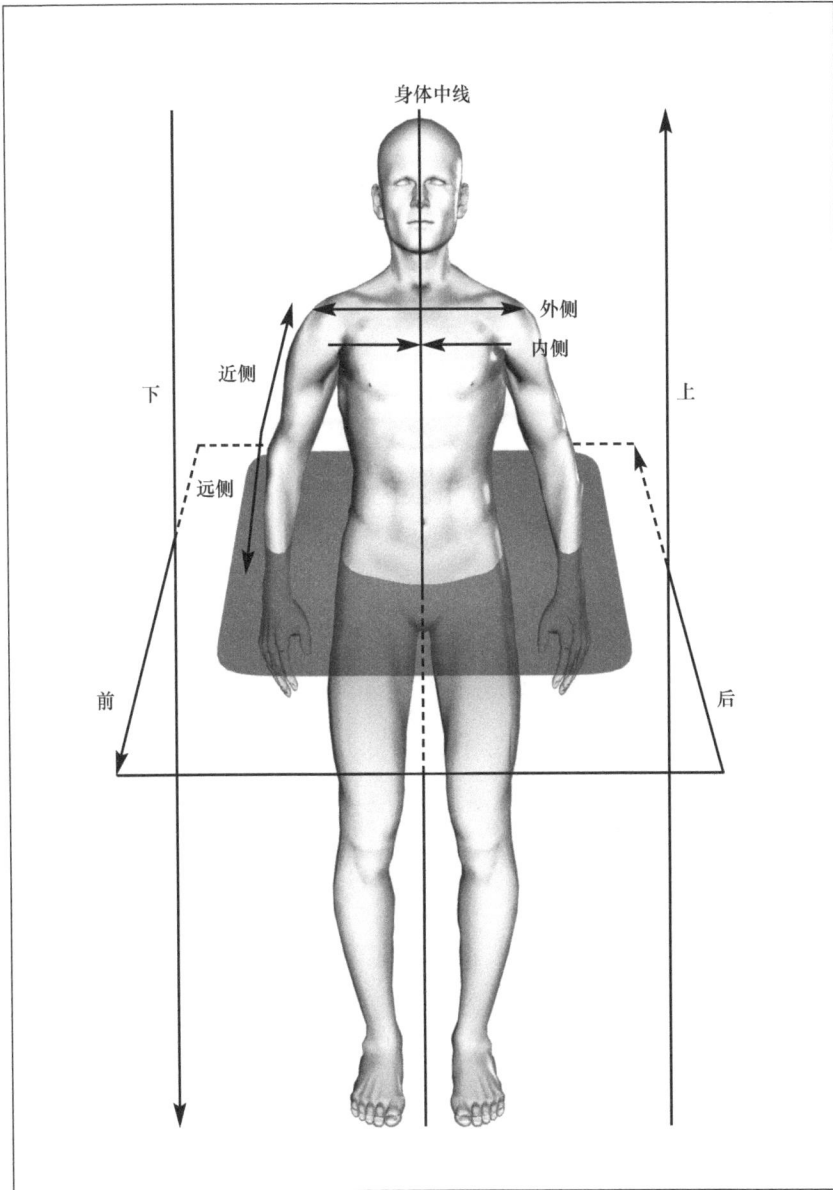

图 2 解剖学方位

f. 外侧

距正中面相对更远者为外侧。

g. 近侧

（仅用于四肢）靠近躯干的部位为近侧。

h. 远侧

（仅用于四肢）相对远离躯干的部位为远侧。

运动类型

屈曲（flexion）

在关节处弯曲的运动，来源于拉丁语。在关节处屈曲时，关节角度变小。

伸展（extension）

在关节处伸展或伸直的运动，来源于拉丁语（"ex"为向外，"tendere"为"伸展"）。在关节处伸展时，关节角度变大。

过度伸展（hyperextension）

关节伸直超过180度的运动为过度伸展。

外展（abduction，拉丁语，意为"离开"）

远离身体中线或矢状面的运动。

内收（adduction，拉丁语，意为"接近"）

向身体中线靠拢的运动。

环转（circumduction）

躯干或四肢的环状运动，是屈曲、外展、伸展和内收运动的结合。

侧屈（lateral flexion）

躯干向外侧或一侧屈曲的运动。

旋转（rotation）

身体或肢体沿垂直轴进行的运动。

跖屈（plantar flexion）

踝关节屈曲，使脚趾远离膝盖的运动。

背屈（dorsiflexion）

踝关节伸展，使脚趾接近膝盖的运动。

内翻（inversion）
脚向内弯曲的运动。

外翻（eversion）
脚向外弯曲的运动。

旋前（pronation）
旋转前臂，使手掌向下的运动。

旋后（supination）
旋转前臂，使手掌向上的运动。

尺侧屈（ulnar deviation）
手在手腕处向内的侧向运动。

桡侧屈（radial deviation）
从尺侧屈复原的运动。

拇对掌运动（thumb opposition）
拇指与其他手指相对的运动。

解剖学分类

比较解剖学（comparative anatomy）
基于不同物种或组相比较的解剖学。

胚胎学（embryology）或发育解剖学（developmental anatomy）
从卵子受精到出生的人体发育状态的研究。

大体解剖学（gross anatomy）
研究肉眼可见结构的解剖学。

组织学（histology）
研究身体细胞和组织的解剖学。

运动机能学（kinesiology）
研究人体运动的科学。

形态学（morphology）
对动植物形态和结构的研究。

神经解剖学（neuroanatomy）
针对神经系统的解剖学研究，包括大脑。

其他相关术语

主动肌（agonists）或原动肌（prime movers）
引起运动的肌肉。

拮抗肌（antagonists）
位于原动肌相反一侧或使骨向相反方向运动的肌肉。许多肌肉或肌肉群都有拮抗肌，例如，肱二头肌的拮抗肌是肱三头肌，背部伸肌的拮抗肌是屈肌。

附肢骨（appendicular skeleton）
四肢的骨骼。

关节面（articular surface）
骨上光滑的区域，和另一个骨组成一个关节。

中轴骨（axial skeleton）
头部和躯干的骨骼。

髁（condyle）
长骨末端的圆形突起，形成肌肉的附着点和关节的关节点。

嵴（crest）
骨骼上的较大隆起。

孔（foramen）
骨骼里的洞或开口。

边（lip）
嵴的边缘。

个体发育学（ontogeny）
对于机体从受精到成熟个体的生命周期的研究。

系统发育学（phylogeny）
有机体所属的组或门的进化史。

突（process）

小范围的局部突起。

关节活动度（ROM）

"range of motion"的缩写。

棘（spine）

顶端尖锐的突起。

小结节（tubercle）/粗隆（tuberosity）

骨骼的圆形突起。

2
骨骼、肌肉和关节

在对肌肉骨骼系统的解剖学学习中，重点是骨骼、附着在骨骼上的肌肉以及骨骼间相互连结形成的关节。所以，我们研究的三个主要结构就是骨骼、关节和肌肉。

骨骼、关节和韧带

骨骼构成身体的支架，同时也为肌肉收缩起到杠杆作用。不同骨骼的形状和大小不尽相同。长骨分布于四肢，起支撑身体和为运动提供杠杆的作用。短骨多排列紧密且能承受较大重量。扁骨主要起保护作用，并为肌肉的附着提供宽大的平面，如颅骨和肩胛骨。

如上所述，关节是骨骼相互连结的地方。有的关节是骨骼通过纤维软骨连结，并由韧带加固而成，关节活动范围小或无关节活动，如骶髂关节。有的关节在两个骨骼间形成有支点和转轴的杠杆，关节活动度很大，因其关节中的滑膜液能润滑关节，使关节内骨骼间可以顺畅滑动或转动，因此称其为滑膜关节［也可称为"可动关节（diarthroses）"，与"关节炎（arthritis）"一词相关］。

滑膜关节有很多种类，如屈戌关节、球窝关节、平面关节、车轴关节和鞍状关节，在以下的学习中我们将深入了解。

关节面由软骨覆盖，使骨骼之间并不会出现直接摩擦。关节软骨是一种坚硬的、光滑的、有光泽的纤维物质，有助于关节的运动和保护骨骼。软骨在拉丁语中为"gristle"。我们在肉店中购买新鲜的肉骨头时，可以看到软骨，还可以在保留软骨膜的关节中发现软骨。软骨能吸收压力、减少摩擦和保护骨骼，同时还能增加关节面积，吸收润滑关节的液体，防止滑液消失。随着年龄的增加或长时间的压力，关节软骨会消磨受损，进而导致骨骼间直接摩擦，磨损骨骼，引发关节炎。

（日常生活中我们会遇到两种关节炎。第一种由关节软骨磨损引起，称为骨关节炎。第二种由关节的滑膜层发炎导致软骨损耗，称为类风湿关节炎。类风湿关节炎的病因尚不清楚。有研究认为它是由病毒引发的，其他可能引发此病的因素还包括情绪状态等。与骨关节炎不同的是，类风湿关节炎可以发生在任何年龄。）

关节中的润滑液称为滑液。它能保护骨骼的关节面，防止骨骼末端之间的直接摩擦和磨损。关节囊通常将关节紧密包裹，把骨骼连在一起，且内含滑液。关节囊的内层有一层薄膜，能分泌滑液，使运动时消耗的滑液，在休息时得到补充。

关节之间由韧带连接捆绑。韧带（ligament，意为"绑定"）由坚固的纤维组成。所有的主要关节都是由韧带紧紧连接着的，如髋关节、头颈部关节、肩关节、腕关节、踝关节和脊柱的脊椎等。韧带相当坚固，且通常无弹性，但有些呈黄色的韧带具备弹性。然而，即使是非弹性的韧带，受到太大牵张力时，也会发生延展。例如，我们塌腰坐下时，会使肌肉放松，迫使我们过度依靠韧带支撑身体。韧带本身不能收缩，但是韧带内含有一定数量的感觉神经。韧带拉伤是由关节过度受压引起的，其中以膝关节和踝关节部位的韧带拉伤最为常见。

肌肉、筋膜和肌腱

肌肉附着在骨骼上，并通过收缩产生运动。因此，骨骼的作用就像杠杆，肌肉就像作用于杠杆的引擎，使之发生移动。因为肌肉与骨骼相连，所以它被认为是一种结缔组织。肌腱连接肌肉和骨骼，由肌肉末端逐渐移行而成，并附着在骨骼和软骨上。

筋膜（fascia，意为"绷带"）是连接皮肤和皮下结构的腱状纤维，有的呈鞘状将肌肉包围，使纤维聚拢构成一个运动单位。筋膜也是一种结缔组织，存在于全身各个部位。

肌肉的类型

a. 横纹肌（或称为骨骼肌）附着在骨骼上，能产生或协助运动。这种肌肉也被称为随意肌。

b. 平滑肌（或称为不随意肌）存在于肠道和胃部。

c. 心肌有泵血的特殊功能。在三种肌肉里，与本书所讲内容直接相关的是横纹肌。

附着点

骨骼肌附着在不同的骨骼上，当肌肉收缩产生运动时，其在一个骨骼上的附着点保持相对静止，另一个骨骼上的附着点移动。当肌肉附着在两个骨骼中，在更大、更稳定的结构上的附着点被称为肌肉的起点；在相对更小、不太稳定的结构上的附着点被称为肌肉的止点。

肌肉有多种起点和止点。有的肌肉起点很宽。有的肌肉直接附着在骨骼上；有的肌肉逐渐移行为肌腱，再止于骨骼。还有一些肌肉有多个起点或头部，然后汇聚到一个止点。

肌肉形态

肌肉有不同的形态和纤维排列，这取决于它们的功能。分布在四肢中的肌肉往往较长；包绕躯干部位的肌肉往往较宽，呈片状。稳定身体的肌群都是短而宽的，如位于髋部周围的肌肉；产生大动作的肌肉都较长且较细，如腿部和手臂的肌肉，因其可以收缩更多，因此能比相对短的肌肉产生更大的动作。例如，腿部的缝匠肌，长度将近60厘米，而眼部的肌肉则极小。

以下是不同肌纤维的排列方式。

1.梭形或纺锤状：肌肉丰满，在末端逐渐变细。

2.四边形：扁平的，有四条边。

3.羽毛状或菱形：纤维从长肌腱斜向延伸，看起来像是羽毛的一边。

4.双羽状：两块羽毛状的肌肉。

5.三角形或扇形：肌肉呈扁平状，从较狭窄的附着点一端呈扇形散开。

6.片状：扁平的肌肉大面积横跨，如斜方肌或背阔肌。

肌肉由肌纤维组成，肌纤维表面由薄膜覆盖，内有成千上万的肌丝，当肌肉受到刺激时，肌纤维内的肌丝相互滑动，进而引起肌肉收缩或舒张。

能够完成特定动作的肌肉称为主动肌；做相反运动的肌肉称为拮抗肌。肌肉长度缩短而张力不变，称为等张收缩。当肌肉收缩无法克服物体重量或拮抗肌的反作用力时，肌肉长度不变，称为等长收缩。

头颈部

3
颅骨

颅骨由脑颅（cranium，希腊语中的"头盔"）和面颅两部分组成。脑颅是包含大脑和负责身体平衡的小脑的结构，在耳朵位置提供了开孔，并且形成了颌关节；面颅为口腔、下颌骨、表情肌、眼窝和鼻腔提供了支撑结构。

颅骨的组成十分复杂。因为颅骨是一个立体的、形状复杂的结构，所以很难用语言来描述。为了了解其构造，最好的方法便是观察一个颅骨的实物模型。

脑颅骨由六种骨骼构成：顶骨、额骨、颞骨、蝶骨、筛骨和枕骨。顶骨（parietal bone，paries意为"一面墙"）组成了颅骨的顶部。额骨（frontal bone，frons意为"前额"）不仅组成了前额，也为眼睛和鼻腔提供了保护。蝶骨（sphenoid bone，意为"楔子"）构成颅骨的前部，并与其他颅骨相连。筛骨（ethmoid bone，希腊语，意为"筛子"）构成部分脑颅骨和鼻腔。颞骨（temporal bone，tempus意为"颞部"），位于人们较熟知的两鬓处，组成颅骨的两侧。枕骨（occipital bone，caput意为"保护头部"）形成颅骨的背部和底部（图3）。

面颅骨由鼻骨（nasal bone）、鼻甲骨（turbinate，turbo意为"涡流"）、犁骨（vomer，意为"犁头"）、泪骨（lacrimal bone，lachryma意为"眼泪"）、颧骨（zygomatic或cheek bone，也可称作malar，意为"脸颊"）、腭骨（palatine bone）、上颌骨（superior maxilla，maxilla意为"颌骨"）及下颌骨（inferior maxilla）组成（图3）。

颅骨的所有骨骼通过缝（sutures）或线缝（seams）将凹凸不平的表面连接在一起，并通过纤维组织使局部更加稳固。人在出生时，颅骨没有完全成

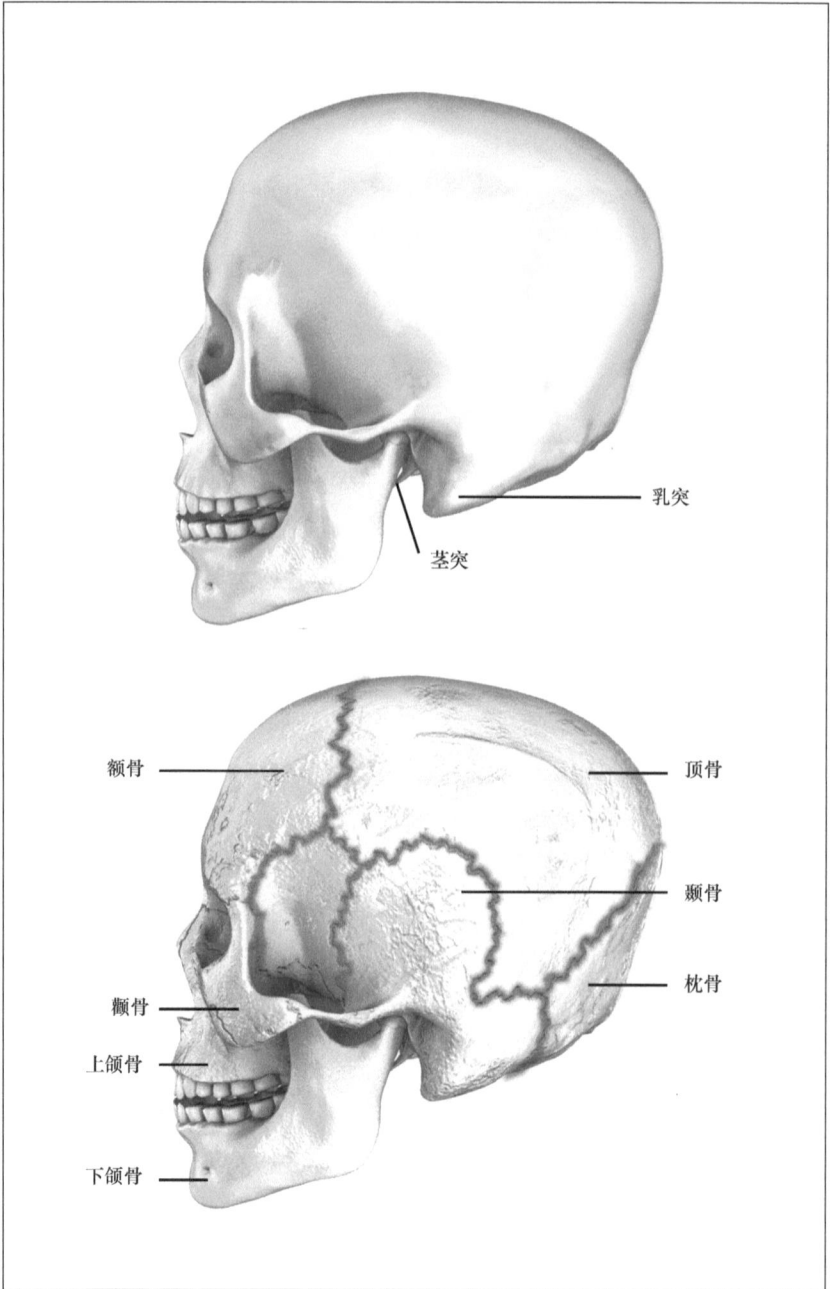

乳突

茎突

额骨

顶骨

颞骨

枕骨

颧骨

上颌骨

下颌骨

图 3　颅骨

形，缝间留有可被摸到的很大空隙；经过一段时间后，缝完全形成，骨与骨牢固地连接在一起。

　　现在来看看颅骨的底部（图4）。如上所述，颅骨的底部主要由枕骨和颞骨组成。颅骨底部最显著的特征是枕骨大孔（foramen magnum），它是脑干穿行通过的地方。位于枕骨大孔两侧的两个椭圆形隆起称为枕髁。这个隆起部位与脊柱顶部的寰椎（atlas）相连，以形成头颈部连接或寰枕关节，即颅骨与脊柱相连接的关节（你可以通过上下点头活动这个关节）。在颅骨的后部，枕骨上有一个向后的突起，称为枕骨隆突（occipital protuberance）。当我们处于斜位卧时，这个区域有时会出现触痛。这一突起很重要，因为部分将头向后拉的浅层颈部肌肉附着在此。

　　颅骨底部结构中，还有两个标志点很重要（图3和图4）。在耳垂后部，能触碰到的突起称为乳突（mastoid process，意为"奶头"或"乳头"）。这个标志点是胸锁乳突肌的一端附着点，胸锁乳突肌另一端附着在胸骨和锁骨

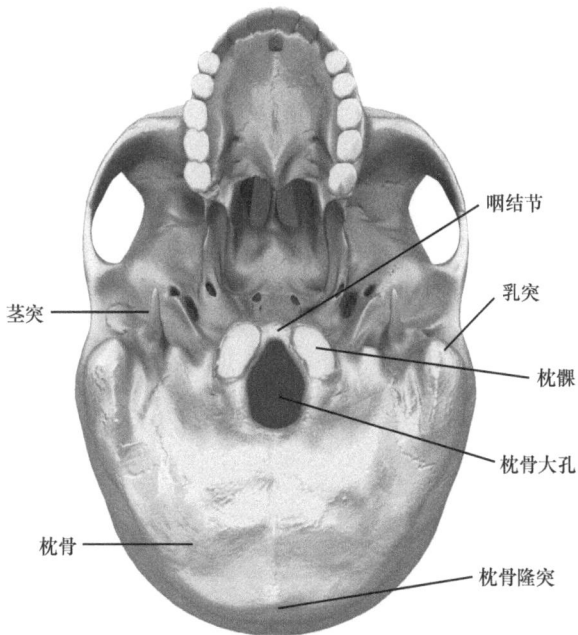

图 4　颅底结构

上，它是较大的颈部肌肉。另一个标志点是颈部和喉部肌肉的附着点茎突（styloid process，stylos 意为"柱状物"），它是在乳突附近的尖锐突起（它是位于颅骨的内侧面的突起，所以看不到也摸不到）。乳突和茎突实际上是颞骨的一部分，与颅骨能否在脊柱上保持稳定紧密相关。颞骨内容纳了耳道和内耳的平衡装置，它们与茎突相邻。接下来，我们将详细了解寰枢关节和附着于颅底的一些关键肌肉。

4
颅底及其附着肌群

在上一节中，我们学习了颅骨的组成。现在我们学习附着于颅底的肌肉。大多数人，甚至那些精通解剖学的人，都认为身体是由许多不同部分组合而成的。但头/颈区域却需要作为一个整体来认知，从直观角度看，它是由很多复杂且难以辨认的肌肉组成的。我们发现，这一区域的各种肌肉都直接或间接地与颅底及其在脊柱顶端的平衡相关，这使我们需要把这个区域的肌肉进行系统分类。接下来，我们开始了解这些不同的肌肉系统。

首先要明确的是，颅底并不是与颌骨下侧相连，而是颧骨。这是非常重要的，因为当我们将头部、颌骨和部分颈部区域混淆时，我们就无法明确地区分头部并且不能在活动中准确地"指挥"头部。这也意味着我们对于颈部的认知很模糊。就功能而言，颈部位置比我们想象的要高很多，头部与脊柱的结合处与下颌不在同一水平线，而是与颧骨持平，在两耳之间。

在进一步学习之前，我们需要了解颅底的一些关键知识点。显而易见，颅骨大而圆的结构的主要用处就是装载大脑。颅底中间有一个大孔，称为枕骨大孔（foramen magnum）。脑干穿过此开口下行，连接脊髓，脊髓位于脊柱椎管内，神经由此分布至身体各部。（实际上在颅骨上有几个"孔"或开口，"foramen magnum"意为"很大的开口"。）枕髁（occipital condyles）位于颅底枕骨大孔的前面两侧，是两个光滑的突起，位于由头部与第一颈椎结合而成的寰枕关节处（该关节是由寰椎与枕骨形成，图4）。人类与所有脊椎动物的颅底与脊柱关节是一样的；当然，人类的脊柱是垂直排列的，头部位于脊柱的上方。头部的主要运动形式为转动和屈伸。

然而，头部在脊柱顶端并不是绝对的平衡。如果观察枕髁的位置，会看到头的重心相对平衡点前移，这样能使头部自然地向前倾。头部前倾的趋势与一直保持牵伸状态的颈后肌群产生的拉力相抵消，这有助于促进脊柱的伸展和激发身体抵抗重力的反射能力。所以在颅骨的解剖学学习过程中，要牢记颅骨在脊柱上端并不是绝对的平衡和稳定。

　　额状面（frontal plane）将身体分为前后两部分（图1），位于椎体顶端的头部在该平面保持平衡状态。这与耳内的半规管可以感知和定向头部在额状面、矢状面和水平面三个平面的三维位置有关。在人体功能解剖学中，头部的平衡与稳定是非常重要的。

　　第一个与颅底和保持颅骨在脊柱上平衡有关的肌群，是帮助对抗重力的深层姿势肌。这些肌肉沿着脊柱上行至颅骨枕骨大孔周围。我们在上一节中了解到，颅骨的后面与底部主要由枕骨构成。枕骨隆突是枕骨后方的隆起，它是颈部伸展肌群的主要附着点。这些肌肉与沿背部下行的肌群共同组成躯干的背伸肌群，来帮助身体对抗重力（图5）。你可以很容易地识别颅骨上的这一点，因为大多数人的隆起相当明显。

　　在颅骨背面两侧和耳垂后面的乳突是颈前胸锁乳突肌（sternocleido mastoid）的附着点。胸锁乳突肌与胸骨和锁骨相连，是体前屈曲肌群的重要组成部分，它与身高和保持头部平衡稳定有关（图5）。在颅骨与寰椎连接处，有较小的更深层肌肉将它们连接起来。虽然这些肌肉只是脊柱周围小肌肉群的一部

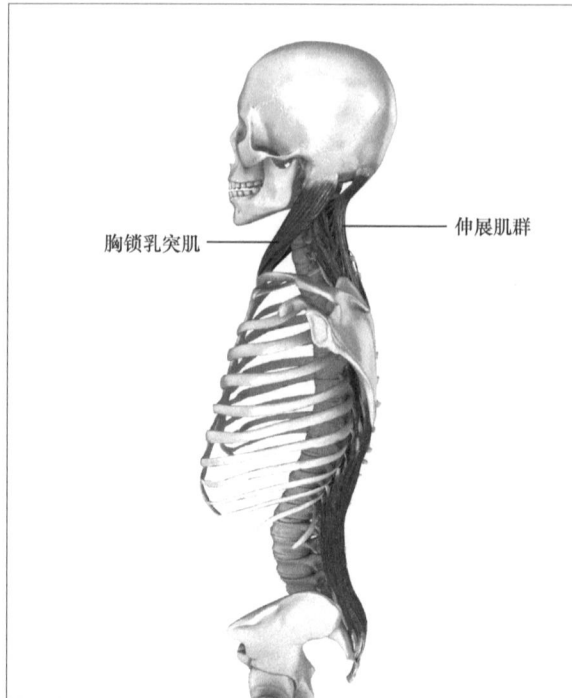

图5　附着于颅底的屈肌和伸肌

分，但它们对维持身体姿态十分重要。总之，位于身体前方的大部分屈曲肌群、背部的伸展肌群以及附着于颅底的深层姿势肌，都与头部在脊椎上保持平衡和稳定有关。

　　另一个与颅底相关的肌群是发声器官的肌肉。位于乳突前方的是茎突，它位于枕髁两侧的小骨尖。在冠状面，它们和乳突一样与保持头部在脊椎的顶端的平衡有关。（感知头部空间位置的半规管就在茎突附近的颅骨中。）舌骨是在颈部下颌线下方的一块小骨，它呈马蹄形或U形，位于喉和气管的上面，形成舌根。如果你掐住喉上方和下颌线下方的咽部，特别是同时做吞咽动作或摆动舌头，就能感觉到舌骨的存在。喉是发声器官，位于舌骨下。它的外层保护结构称为甲状软骨，甲状软骨直接悬挂于舌骨的两侧（由甲状舌骨肌固定）和茎突（由茎突咽肌固定）。舌骨通过茎突舌骨肌与茎突直接相连，将舌连于颅底的喉部。舌也直接通过茎突舌肌与茎突相连，这形成了舌与头部平衡之间的一个重要联系。另一个连接喉与头部的肌肉叫二腹肌，起始于乳突，连接舌骨，可与下颌形成颅底支撑咽喉和发声器官的肌肉网络的另一部分（图6）。

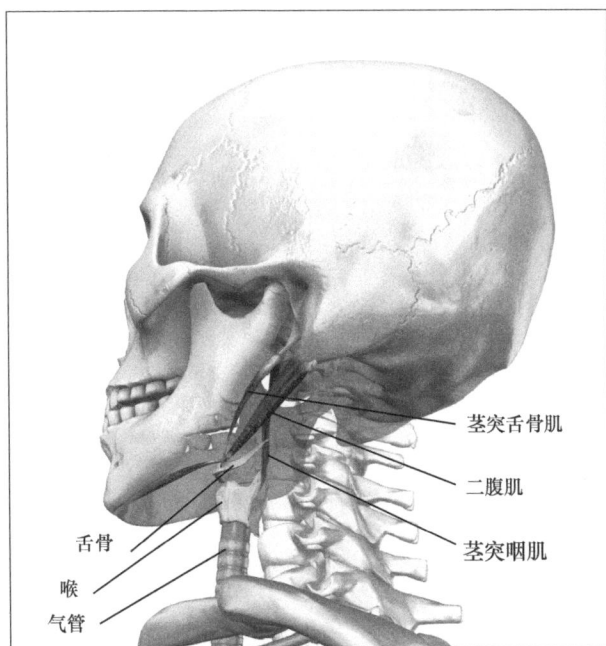

图6　固定舌骨和喉部的肌肉

还有一些肌肉也参与组成喉部的肌群（我们将在后面更详细地阐述），但是上面提到的肌肉是把喉和发声结构与头直接相连的主要肌肉。要记住的是，发音组织悬于颅骨下方，与茎突相连，因此头部的平衡与稳定会影响发音效果。如果讲话时颈部肌肉收缩使头部向后牵拉，会使喉部受到压迫从而影响发声。一些常见的错误动作模式（也包括躯干和腿部的错误动作模式）会影响正确的发音。

将头向后牵拉并压迫喉部的结构，我们将在接下来的内容中进行讨论。

咽部或咽喉是另一个与颅底直接相连的结构。枕骨大孔的前面有一个突起叫咽结节（图4）。形成咽后壁的括约肌起于此点，咽管就是在颅骨此处悬下，并保持前方向下拉的趋势。咽部侧壁也由茎突咽肌直接与茎突相连，形成了另一个咽喉与头部平衡结构的重要连接（图6和图7）。

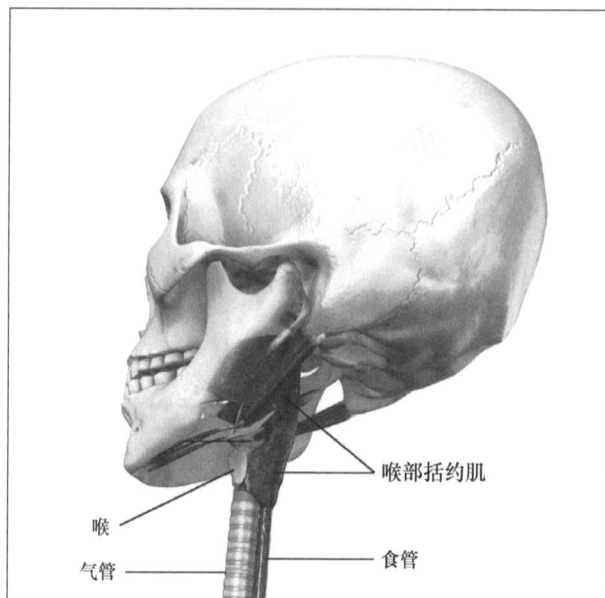

图7   颅底和喉部肌肉

还有一个与头部平衡有直接关联的结构，即下颌。下颌骨与颅骨的相连处非常接近身体的冠状面，并由附着于颞骨的肌肉固定（图8）。此外，在下颌骨下方有一些肌肉的一端附着于舌骨（正如我们所见，悬于颅骨），另一端直接连接到乳突。这样下颌骨就直接悬吊于颅骨，直接影响着头部的平衡，同时被头部的平衡所影响。

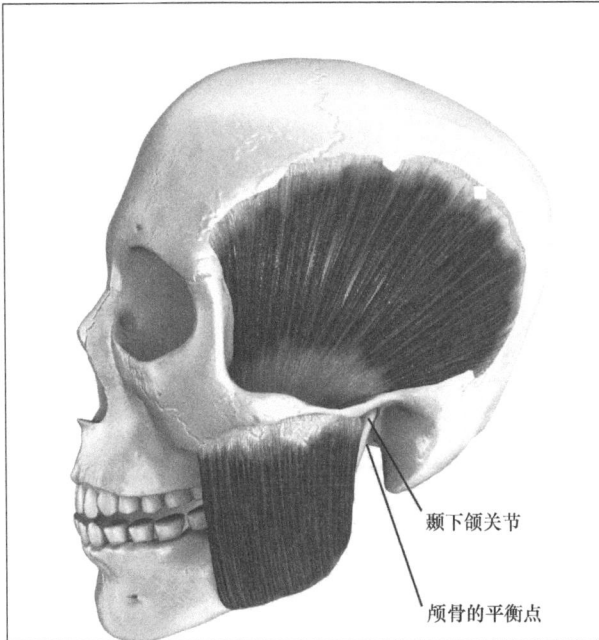

图 8 下颌的肌肉和关节

　　头部与位于脊柱顶端的脊椎形成了寰枕关节。具有定向和维持平衡功能的前庭系统能够感知颅骨在冠状面的运动。此处的平衡对于我们运用躯干屈曲肌群和伸展肌群对抗重力也是很重要的。咽部悬于颅底，喉与发音结构也同样悬于颅骨，并与头部平衡密切相关（该关节与发声和呼吸的结构密切相关）；下颌骨悬挂在颅骨，舌直接与颅底相连。简而言之，我们体前的屈肌、背部的伸肌、内耳、中耳、内脏器官、颌骨、舌和发音器官都悬于或是处于颅底，都直接或间接地与处于脊柱上面的头部平衡相联系。

　　随着学习的深入，我们将更详细地了解这些不同的结构。

5
面部与下颌的肌肉

我们现在介绍面部的表情肌及位于下颌的肌肉（图9、图10）。额肌（frontalis）位于前额，是颅顶肌（epicranius muscle）的一部分。颅顶肌是一个较大的片状肌肉，它在前额和枕部的肌肉由腱膜相连。

皱眉肌（corrugator），位于两眉之间，可以在前额处产生纵行褶皱，起到皱眉作用。降眉间肌（procerus）正好位于皱眉肌的下面，同样也与皱眉相关。

在耳的下面有一些较小的肌肉，具有摆动耳朵的作用，这些肌肉在犬类身上较为发达，能够调节耳部方向以方便捕捉声音。

位于眼眶周围（眼窝）的括约肌是眼轮匝肌（orbicularis oculi）。它的作用是缩小和保护眼周区域。其周围还有一块能够上提眼睑的肌肉和六块能够转动眼球的肌肉。

在鼻部区域的肌肉有扩张肌（dilators）、收缩肌（compressors）、鼻降肌（depressors）和皱鼻的肌肉。这些肌肉功能如名字一样，具有扩张和收缩鼻孔等作用。以上肌肉可以通过实验来确定它们是否正常工作。它们对呼吸及发声具有重要作用。

颊部四周和唇上方区域有一些与面部表情（如悲伤与大笑）相关的肌肉。提上唇肌（levator labii superioris）和提口角肌（levator anguli oris）能够上提唇和口角。颧大肌（zygomaticus major）与颧小肌（zygomaticus minor）起于颧骨，下行至口；这些肌肉能够向后、向上和向下牵拉口角，来表达欢笑和悲伤等情绪。这些肌肉与眼周和鼻周肌肉连接，共同构成笑肌，它们可使面部表现出开心的情绪，对发音与张开喉部也至关重要。鼻部和腭部肌肉可作为一个整体进行运动，能够放松整个颞下颌关节周围的面部肌肉组织。

口轮匝肌（orbicularis oris）是一块圆形的肌肉（严格来说它不是括约肌），它的作用是控制嘴唇的运动。颏肌（mentalis）、降口角肌（depressor anguli oris）和降下唇肌（depressor labii inferioris）位于唇下方，作用于唇部、口和颏部。

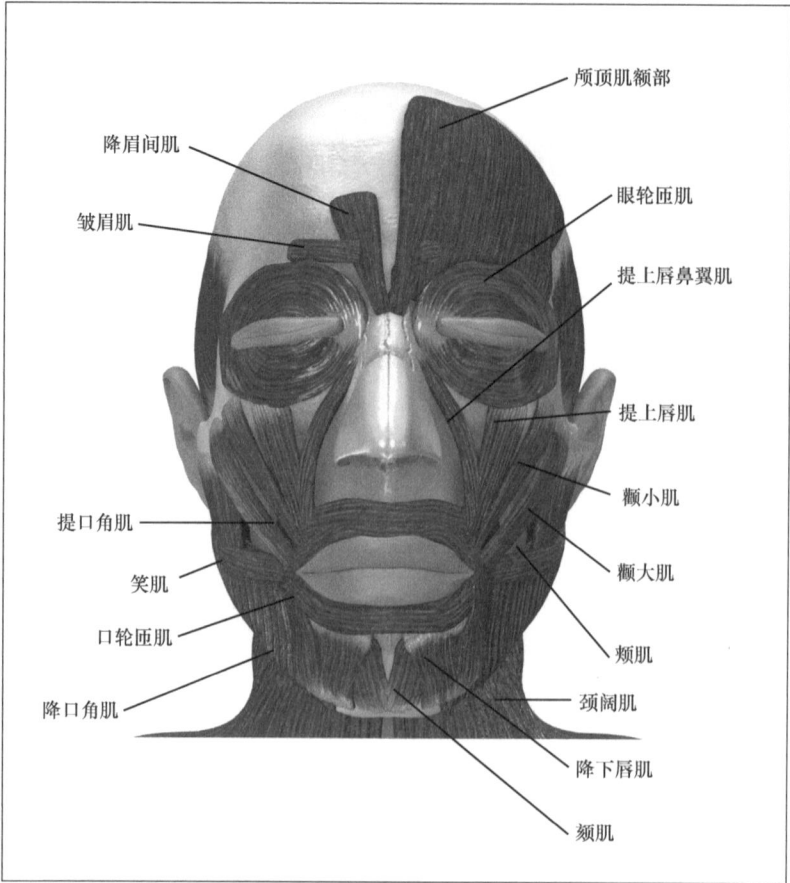

图 9　面部表情肌

　　笑肌（risorius）和颊肌（buccinator，源于拉丁语 buccina，意为"小号"），共同形成了颊壁。笑肌能够牵拉嘴角，而颊肌通过压迫脸颊使食物位于口腔前庭。当脸颊鼓起的时候，如演奏小号时，它能辅助排出腮部的空气！

　　颈阔肌（platysma）是一片覆盖着颈部和下颌的大而薄的肌肉。它起于肩部以及胸部的肌筋膜，覆盖颈部，止于面部下方。它作用于颌部及唇部，并辅助表达忧伤等情绪。

　　接下来学习下颌的肌肉（图 10）。颌骨（mandible），也称为下颌骨，与颅的颞骨相连，帮助其完成运动并完成咬住和咀嚼食物的功能。它受到第五对颅神经（或称为三叉神经）支配，这个神经是面部和颌部的主要神经之

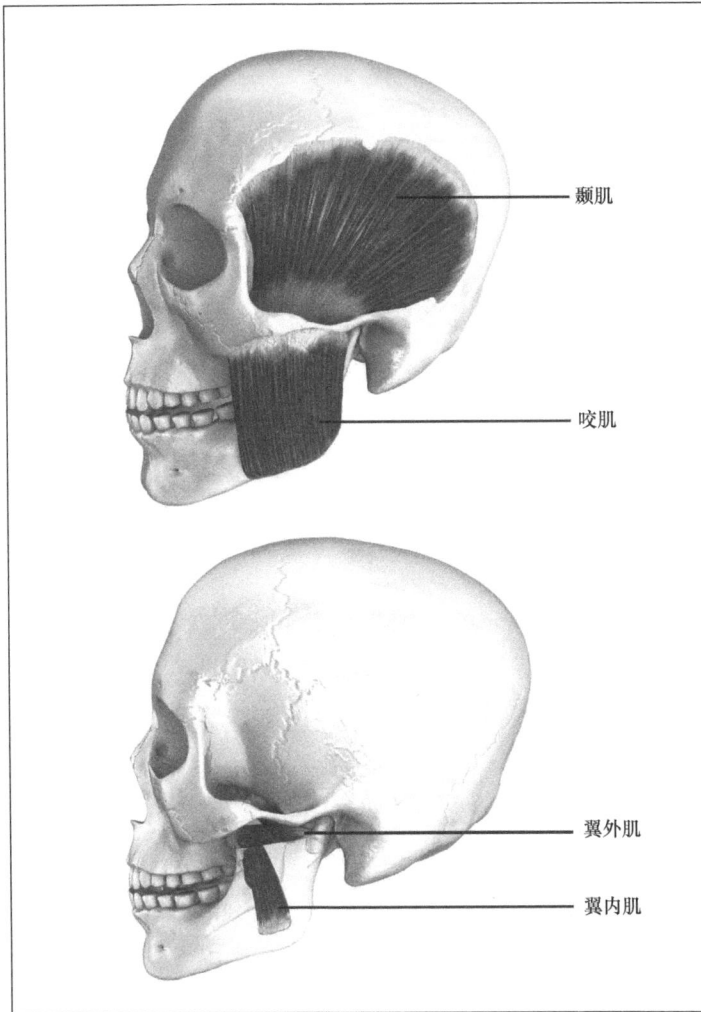

图10　下颌肌肉

一，负责支配咬住和咀嚼食物等动作。当填补牙齿时，牙医要对该神经的一个分支进行麻醉。

　　颌骨与颅骨连接处的关节叫作颞下颌关节（temporomandibular），该关节由颞骨和下颌骨组成（图8）。颞下颌关节不像很多人所认为的那样是一个纯粹的铰链关节。它与颅骨既有链式连接，同时将下颌骨悬于颅骨，使其不仅能够闭合颌部，还能向前、后和两侧滑动下颌。

　　"颞下颌关节综合征"是指与颞下颌关节相关联的紧张、功能障碍和疼痛等症状。下颌正常功能依赖于正确的位置及强有力的颌部肌肉，还与神经受到挤压后引起的肌肉紧张有关。

颌骨有三个基本功能：咬住食物，用力咬合和咀嚼食物。颞肌（temporalis）是一块宽大、有力的肌肉，广泛起于头部一侧的颞区，汇聚止于下颌的冠突。其功能为辅助撕咬。

咬肌（masseter muscle）起于颧骨，止于下颌支。它的功能是上提下颌进行咬合。翼外肌（lateral pterygoid）与翼内肌（medial pterygoid）起于颧骨和颅骨的腭区，止于下颌骨髁突及下颌升支（后部）。在进行咀嚼和研磨食物时这三块下颌肌肉共同作用。

6
喉部悬肌

我们之前了解到，咽喉悬挂附着于颅骨，尤其是茎突。此外，还有一些从下方固定喉部的肌肉。现在我们来详细介绍喉部及支持它的肌肉支架，有时称之为"悬挂系统"。

首先我们来回顾一下将喉部、咽部与颅骨连接的肌肉。连接茎突与舌骨的是茎突舌骨肌（stylohyoid musle）。二腹肌（digastricus，意为"有两个肌腹"）起于乳突，穿过舌骨环，然后止于下颌。茎突咽肌（stylopharyngeus musle）直接把甲状腺和咽的两侧与茎突相连。

现在开始了解作为发生器的喉部，以及支撑喉部的整个肌肉群（图11和图12）。我们已经知道，喉部的主要外部结构为位于舌骨下的甲状软骨。许多肌肉直接附着在甲状软骨上，以支撑喉部。首先，甲状舌骨肌（thyrohyoid）是连接甲状软骨和舌骨的成对肌肉。在甲状软骨下面是与胸骨相连的胸骨甲状肌（sternothyroid）。

另外，还有两块肌肉有助于形成喉部支架。我们提过的茎突咽肌，直接将甲状腺和咽的两侧与茎突相连。环咽肌（cricopharyngeus）直接固定喉部的环状软骨，它与背部的食管相连。

喉部悬于舌骨下方。复杂的肌肉网络从喉部向下、向上和向后延伸。喉部通过茎突舌骨肌与茎突相连，通过二腹肌与乳突连接，通过茎突咽肌直接连于颅骨后上方，通过胸骨甲状肌与胸骨相连，向后通过环咽肌与食管相连。

根据肌肉名称，我们可以推断出这些肌肉的功能。甲状舌骨肌、茎突咽肌以及腭部肌肉（我们稍后会谈到）具有向上、向后牵拉喉部的作用，因此它们被视为喉部的上提肌。

胸骨甲状肌和环咽肌能够向下、向后牵拉喉部，所以被视为喉部的下降肌。当唱歌时，喉部支架内的肌肉都主动参与了喉部的运动。

还有一些肌肉间接构成喉部支撑结构。肩胛舌骨肌（omohyoid）起于肩胛骨，通过颈部肌鞘，在改变方向后直接上行至舌骨。它同二腹肌一样有两个肌腹，形成吊带状结构，间接构成舌骨与喉部的肌肉支架。另一块肌

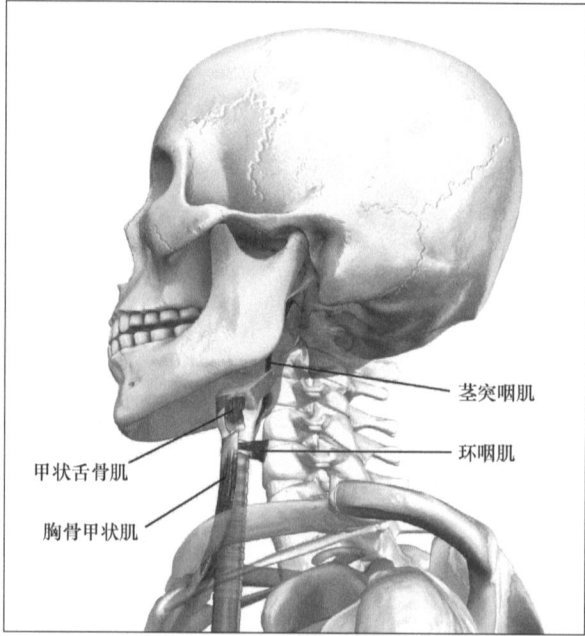

图 11　喉部悬肌

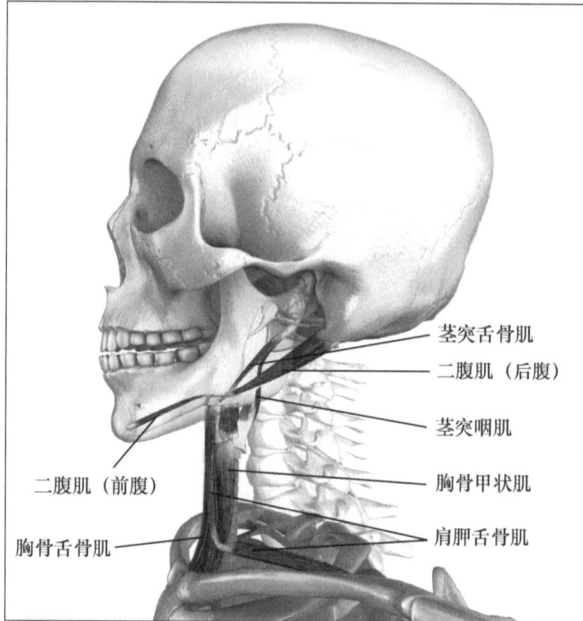

图 12　喉部悬肌（续）

肉——胸骨舌骨肌（sternohyoid），将胸骨与舌骨直接连接。

在颌骨的底面还有两块肌肉构成这个支架，即下颌舌骨肌（mylohyoid）和颏舌骨肌（geniohyoid），它们组成了下颌底，并与舌骨相连（图14）。下颌舌骨肌是一块扇形肌，起于下颌两侧，止于舌骨，覆盖下颌基部。颏舌骨肌，位于下颌舌骨肌上方，起于下颌前面，止于舌骨。

一些能够向上牵拉舌骨的肌肉，如下颌舌骨肌和二腹肌，容易被误认为喉部提肌。我们会发现流行歌手往往会因过度使用这些肌肉，而呈现出双下巴的情况。

7
舌肌

　　对运动和发声感兴趣的人经常会忽略舌或舌区。一般情况，我们说起舌的时候，只是指舌体。事实上，有许多连接着舌并控制着它的运动的肌肉，称为舌外肌。所有这些肌肉，包括连接着舌的肌肉以及舌本身的肌肉，都与咽部、喉部和头部平衡直接相关。

　　舌本身的肌肉，称为舌固有肌，由方向不同的肌纤维组成。舌位于口腔底部，向后延伸到咽部，其根部连接舌骨（hyoid bone）。舌骨是位于喉部上方的一块U形小骨骼，因与希腊语中的"upsilo"相似而得名。舌与舌骨之间的连接处很容易就可以感觉到，如用拇指和食指捏住与舌骨直接相连的喉部，然后摆动舌，就能感觉到舌骨和喉部会随着舌的动作而移动。

　　有四块舌外肌与舌肌纤维相连，功能是支撑和移动舌部（图13）。我们之前已经了解了一些舌外肌，如茎突舌肌（styloglossus），它起于茎突，连接着舌和头部，可参与保持头部在脊柱的平衡和稳定，后与舌体两侧融为一体；

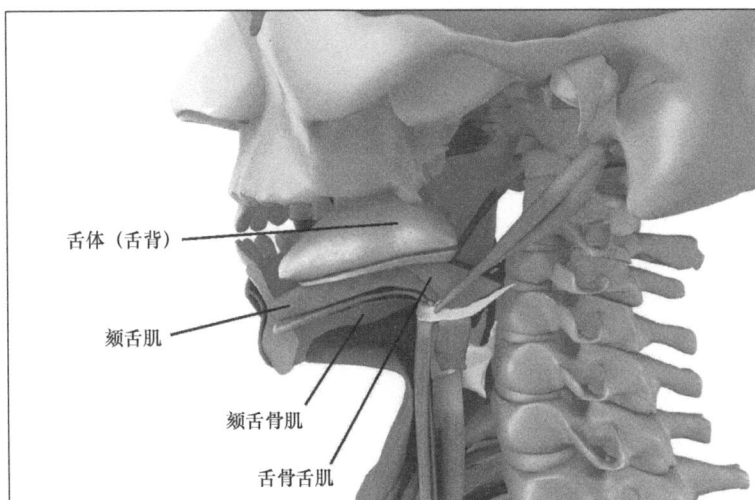

图 13　舌

舌骨舌肌（hyoglossus）从舌骨附着到舌的两侧；颏舌肌（genioglossus）起于下颌，垂直向上延伸到舌的中线；腭舌肌（palatoglossus）的功能是在吞咽时收缩，压挤舌和软腭。我们将在讲解上腭肌肉时详细介绍腭舌肌。

舌外肌使舌几乎能在所有方向移动。舌纤维本身能移动舌尖，以及进行其他复杂的运动，包括说话、控制咀嚼食物的位置和帮助吞咽食物。

我们已经了解了舌和连接舌骨的肌肉，现在对于组成口腔底部的肌肉（图14）也应该有更清晰、更详细的认识。下颌舌骨肌（mylohyoid）是一块扇形肌肉，起于下颌两侧，止于舌骨。下颌舌骨肌的上面则是颏舌骨肌（geniohyoid）的纵向纤维，颏舌骨肌起于颏的前部，止于舌骨。我们之前已经提到过，二腹肌起于乳突，穿过舌骨上的一条悬带后，止于下颌前部，其前部肌腹组成了口腔底的一部分。

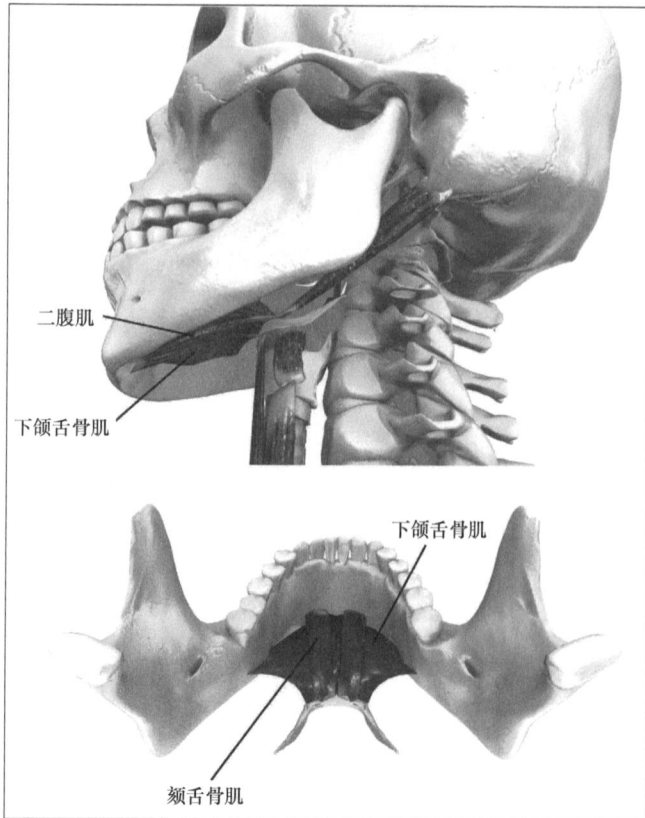

图 14   位于口腔底部的肌肉

8

腭部肌肉

颚位于口腔顶部，是头颈部肌肉组织的又一重要组成部分，但人们经常忽视它。事实上，这一区域对于正常呼吸和发声都至关重要（图 15）。颚由两部分构成：硬腭和软腭。硬腭形成口腔的顶部；软腭则位于硬腭的后面，与舌不同，它由软组织组成，并在口腔后部形成拱形结构。在咽喉的图解（图 16）中可以看到，口腔张开，前面是硬腭，后面是软腭。图中还展现了不同水平位置的鼻咽、口咽和喉咽。

悬雍垂（uvula）是从口腔后部的软腭上悬吊下来的一个可以观察到的结构，腭垂肌（uvular muscle）可上提悬雍垂以及使其向后移动（图 15）。

观察喉部时，可以看到悬雍垂前面的两个拱门或柱状结构以及旁边的扁桃体。这些柱状结构由两块肌肉构成，即腭舌肌（palatoglossus）和腭咽肌（palatopharyngeus）。腭舌肌构成软腭前的柱状结构，它经过软腭前部的组织，向斜下方汇入舌两侧。

腭咽肌构成了软腭的后柱，从软腭部下行，将茎突咽肌与甲状软骨连接。在进食和吞咽过程中，这两块肌肉能帮助下压腭部。它们还能在进食和发声时上提喉部。

位于这两个降肌上方的是能上提腭部肌肉的腭帆提肌（levator veli palatini），它起于颅骨，下行汇入构成腭弓上部的肌纤维，即腭咽肌和腭舌肌。当打哈欠或声音压低时，这块肌肉即通过上提腭部来发挥功能，它对需要经常发声的人来说，是一块很重要的肌肉。

腭帆张肌（tensor veli palatini）起于蝶骨，垂直下行并向两侧分散，协助收缩和上提软腭。

咽鼓管咽肌（salpingopharyngeus muscle，图中未示）起于颅骨近耳处，汇入腭咽肌，也能够协助腭部上提。这些腭部上提肌位于软腭上方，不能直接被观察到。

总之，腭咽肌和腭舌肌，能够下压腭部；而两块"腭"肌与咽鼓管咽肌能够上提腭部；腭垂肌，即悬雍垂肌，能够上提腭后方的悬雍垂。

　　腭部的结构就如同能够上下升降的膈肌。在吞咽过程中，收缩和下压腭部，而在发声与正常呼吸时，上提腭部。通过上提舌后部抵住腭部可以封闭食道，并在吞咽过程中将食物与气道分隔开。当张嘴、移动嘴唇和舌部运动时，舌后部松弛，能够通过鼻孔进行呼吸。

　　然而在睡眠、呼吸和发声时，大多数人习惯性下压腭部，使喉部和舌部下陷以及头部后仰，这样往往会封闭鼻腔并影响喉部运动，会导致张口呼吸和打鼾。经常发声的人能够随意上提腭部，避免腭部塌陷；这样能够使喉部的使用更加合理，保证正常发声。在打哈欠时，俯视另一人的喉部，或用镜子来观察自己的喉部，就能看到软腭的柱状体打开并上移。学会上提腭部而改变咽部形状，这对改善声音的共振效果和声音的品质具有显著影响，如通过完成类似低声说"啊"或哼唱来帮助打开喉部。

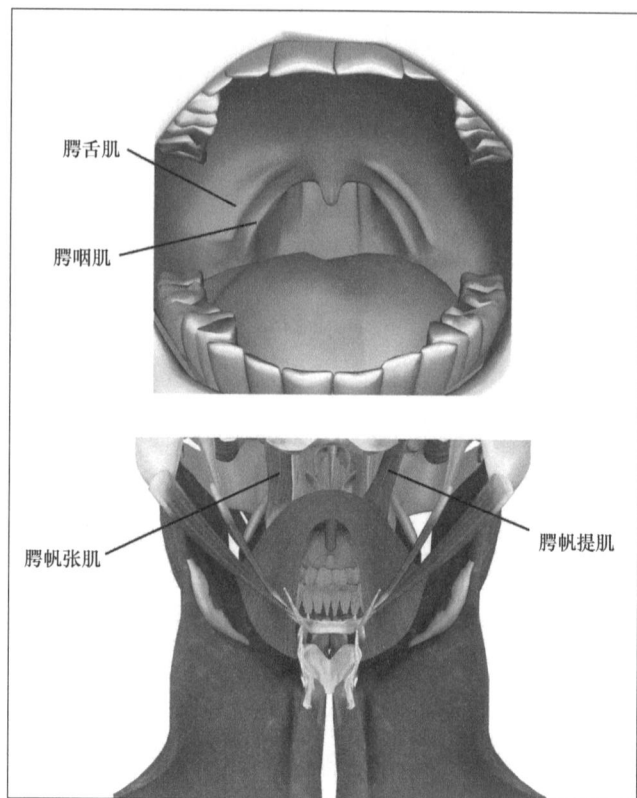

图15　腭部肌肉

9
咽喉肌肉

现在我们来学习咽喉部。从进化的角度看，咽喉的产生远早于喉部肌群，这与它获取、加工食物的功能早于发声有关，甚至早于形成呼吸之前。喉部肌群呈复杂网状分布。由于需要进食和消化，咽喉肌肉形成了一个开口，能够容纳食物并能使食物下行进入食管的通道。虽然整个消化道均有肌肉分布，但在肌肉骨骼解剖学中，我们只关注咽喉部。

正如我们在颅底肌那部分所看到的，咽喉肌肉〔或称为咽肌（pharynx）〕，悬于颅底咽结节（pharyngeal tubercle）（图7）。咽上缩肌（superior constrictor）、咽中缩肌（middle constrictor）和咽下缩肌（inferior constrictor）构成了咽喉吞咽肌（图16）。当食物或液体进入咽部时，这些肌肉会自发地交替收缩并将食物向下推至食管和胃部。

食物经口腔进入咽喉部通道，而咽喉部通道部分是由口轮匝肌（orbicularis）和构成脸颊的颊肌（buccinator）构成的（图16）。腭肌位于咽喉后上部，在吞咽过程中会下降，它能够帮助食物下行。这三块咽缩肌共同构成了咽后壁；而咽前壁则是由舌后部构成的。在这个喉部水平面上可将咽喉分为气管（trachea）与食管（esophagus），气管在前，食管在后（图17）。在我们进食并准备吞咽时，喉部开口上方的片状组织会厌会自动打开喉部，封闭气道，然后将食物下推至食管和胃部。

从以上学习内容来看，几个看似不相干的结构形成了一个整体，均参与进食和吞咽动作。口、下颌、舌和脸颊均参与咀嚼运动。舌部上抬将食物向后推入咽喉部。腭肌上提腭部以便食物通过，然后下压将食物下推。咽缩肌自动将食物推入食管。从这一角度来看，舌和腭肌属于消化系统的一部分。我们常常认为喉部肌肉仅与发声有关，实际上，在吞咽过程中，喉部肌肉能够使食物进入喉部，并向下推动食物。因此，可以说头颈部所有肌肉，包括连接喉部和舌骨的肌肉在内，均参与了进食和吞咽过程，并作为消化系统中的一部分发挥作用。

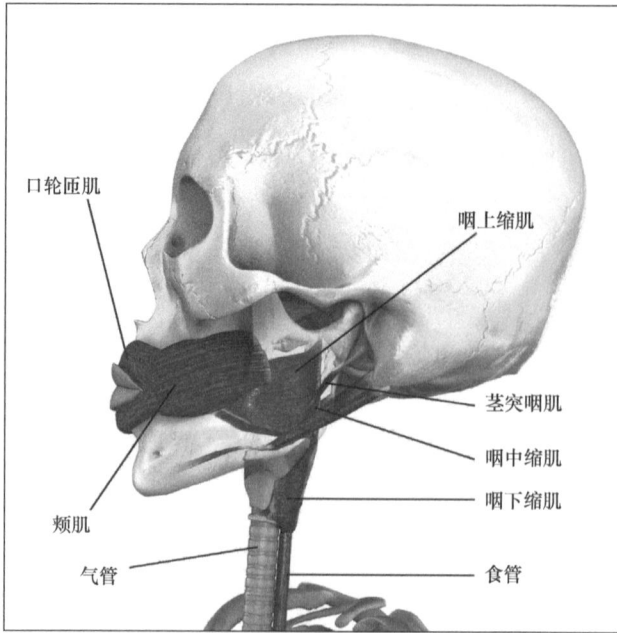

图 16 咽喉肌肉

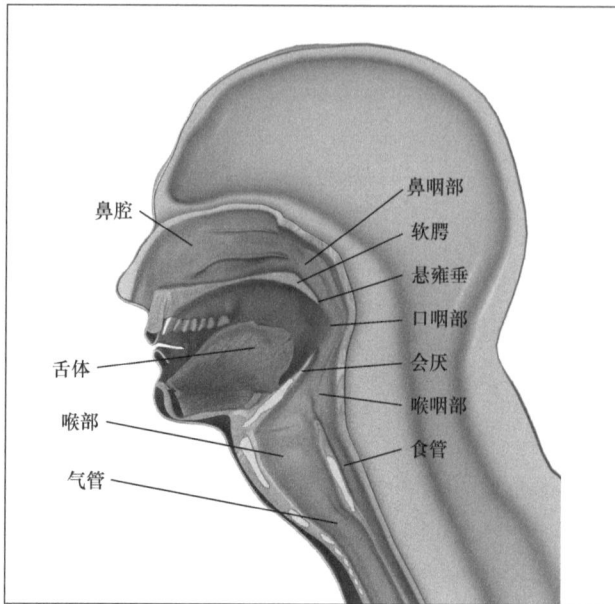

图 17 咽部

10

喉部固有肌

现在我们来学习喉部固有肌，包括声襞及其控制肌。在讨论喉部悬肌时，我们可看到喉部是由肌肉支架或肌肉网所支撑的。这些作用于喉部的肌肉并不是喉部自身固有肌，而是外附肌。

喉部固有肌极具特异性和复杂性，但了解喉部的功能后，我们就更容易理解其解剖结构。当我们正常呼气时，气流能够顺畅通过气管，经口或鼻部排出。当我们想发声时，位于气管上方的喉部能够合拢两侧声襞，气流通过时声襞产生振动，并产生声波，声波共振产生了完整的人类声音。

喉部是基本的发声器官。它包括能够制造声音的振荡器（即声襞），当气体（为动力源）于声襞间通过时，喉部能使两侧声襞合拢，进而声襞共振。而在正常呼吸过程中，喉部会将声襞向后牵拉，使其分离。人们也可以通过各种方式牵拉声襞来改变音量、音高以及发声方式。

喉部是由容纳声襞的3块软骨构成的。这3块软骨分别是甲状软骨（thyroid cartilage）[或称为盾软骨（shield cartilage）]、环状软骨（cricoid）和杓状软骨（arytenoid）[或称为锥状软骨（pyramid cartilages）]（图18）。甲状软骨是保护声襞的主要结构，它在咽喉部的凸起被称为喉结（它也是喉部悬肌附着的重要结构，并在肌肉网内支撑着喉部）。环状软骨位于甲状软骨下方。而两块杓状软骨位于环状软骨后部和甲状软骨内部，它们能够在环状软骨上转动。

声襞悬于两块杓状软骨和甲状软骨前部的内壁之间（图18与图19），当肌肉收缩时声襞合拢，空气通过声襞时共振产生声音。杓状软骨向前旋转时会使声襞合拢，肺内气体排出时会将声襞打开引起共振；杓状软骨向后旋转时，会使声襞分开，空气可以自由流动（图19）。

有三组肌肉能够旋转杓状软骨——能够打开或外展声襞的环杓后肌（posterior cricoarytenoid），能够关闭或内收声襞的杓横肌（transverse arytenoid）与环杓侧肌（lateral cricoarytenoid）（图19）。为了方便记忆，这些肌肉也可以称为"闭合肌"，因为它们能够关闭声襞间隙。值得注意的是，由于杓状

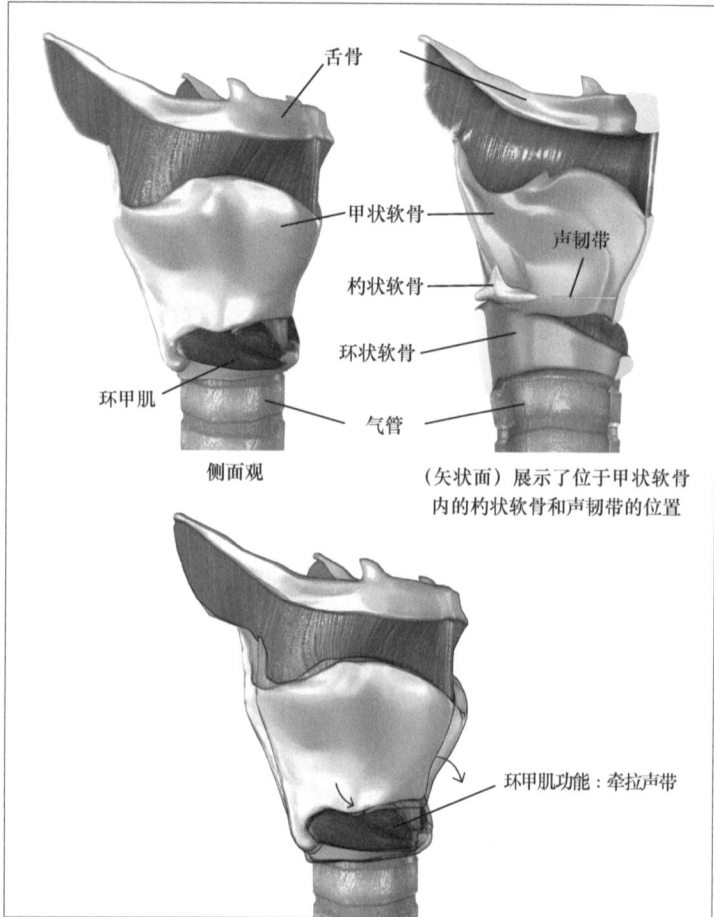

图18　喉部

软骨能够通过两种方式关闭声襞，因此，有两组闭合肌，而不是一组。

第一种关闭方式是，杓状软骨通过旋转，使两声襞相互靠拢，这样就能够使气流从气管中呼出时引起声襞振动，发出正常声音。第二种关闭方式是，杓状软骨旋转使两声襞相互靠近，但留有一缝隙。从气管呼出的气流通过这个缝隙产生急速气流，出现"耳语"声。这是关闭或内收声襞的两种方式，也是此处有两组内收肌的原因。

对于需要经常使用语言来工作的教师而言，了解这两种内收声襞的方式是很有用处的。有两个原因。首先它为我们提供一种与平时发音习惯无关的控制声襞的方法。我们的不良发音习惯与声襞的正常合拢状态相关，因此，

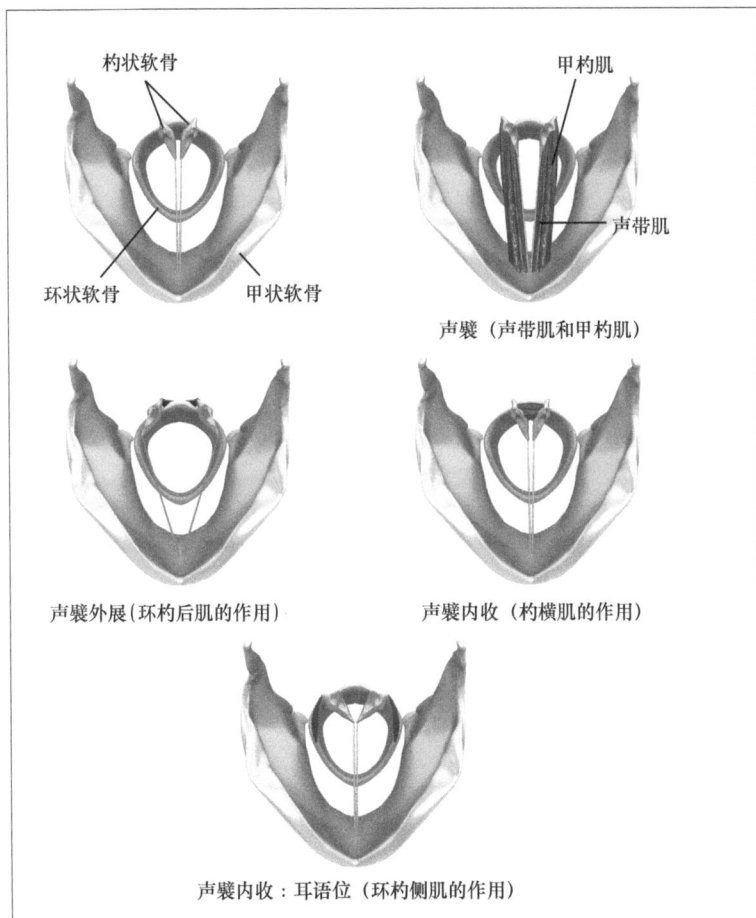

图19 喉部固有肌

我们使用耳语发声代替正常发声，可避免养成不良发声习惯。而耳语提供了一种没有常见不良使用模式的发声方法。其次是它阐明了杓状软骨如此工作的重要性。杓状软骨的旋转方式中，一种是能够完全拉近两侧声襞，另一种则是使两侧声襞不完全靠近，并与耳语发声相对应。

除了能够关闭两侧声襞间的间隙（称之为"声门"）外，喉部还能牵拉声襞。这一点很重要，因为当气流从合拢或邻近的两侧声襞间通过时，在一定程度上收紧声襞可以使其正常振动。环甲肌（cricothyroid）具有此功能，它附于环状软骨与甲状软骨，并且通过拉近这两块软骨增加声襞间距离（图18）。该肌肉因其功能而被命名（需要记住的是，喉部悬肌能够在几个点之间反向拉伸喉部，协助牵拉肌在声襞处产生适当的张力）。

　　声襞本身在喉部的运动也是十分重要的（图19）。声襞是由能够向各个方向牵拉的复杂纤维构成的，它们表面被一层薄膜覆盖，即声带。（如演唱摇滚乐或长期使用不良发音方式，声襞会因承受压力过大而损伤，产生"结节"。）事实上，声襞很复杂，它在某些部位可以拉紧，而在某些部位不能，这导致了发声中的各种细微差别。声襞是由两块肌肉组成的，即甲杓肌（thyroarytenoid）与声带肌（vocalis），这两块肌肉又合称为喉部"紧张肌"。

　　为了方便记忆，可将喉部固有肌分为三类：能够张开、关闭会厌的肌肉；能够使声带紧张或松弛的肌肉（拉伸肌）；声襞本身（紧张肌）。能够使杓状软骨发生转动的肌肉具有张开与关闭会厌的功能；旋转环状软骨和甲状软骨的肌肉可通过牵拉声襞调节声襞紧张程度；而在发声过程中声襞本身会先紧张起来。

　　有趣的是，人们发现这些肌肉中没有一个能够像操控手指或腭部的肌肉那样被随意控制，而是间接通过接受大脑从"耳朵"中听到声音来控制的。当我们研究一种特定音高或声音时（例如唱歌时），会发现意识能够调节喉部的发声肌。一个歌手还能够激活喉部的固有肌肉，从而改变咽部的外形与状态，最终影响音质、共振和音域。声乐训练在很大程度上就是学习如何激活这部分肌群，在能分辨演唱时所需要的各种音质的基础上，调节演唱时需要的与这些音质相对应的发音功能。

脊柱与躯干

11
颈椎前侧肌群

在讨论头颈部的内容中，我们学习了与咽、喉相关的肌肉，包括舌部与腭部肌肉。颈部前方还有一些位于较深层并连接头部与脊柱的肌肉，它们与咽喉部的结构和发音的相关性不大，但与维持姿势与平衡相关（图20）。在学习脊柱及其支撑肌群之前，我们先来回顾一下以下知识。

头长肌（longus capitis）起于寰椎和枢椎下的四个椎体（第三、四、五、六颈椎），止于脊柱前方枕骨处。"capitis"意为"头部的"。

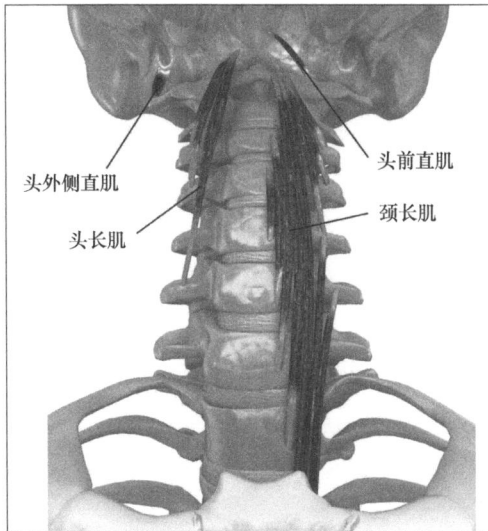

图20　颈椎前侧肌群

　　颈长肌（longus colli，意为"颈部长肌"），分为三部分，分别连接寰椎与上位颈椎，以及上位胸椎与下位颈椎。在早期的一些解剖书中，常常将颈部肌肉命名为"colli"；而"cervicis"，对应的是"cervical"，现在使用的比较普遍。

　　头前直肌（rectus capitis anterior）起于头长肌后方的寰椎横突，止于枕骨。头外侧直肌（rectus capitis lateralis）起于寰椎横突，止于枕骨。（将这些肌肉称为枕下肌群，因为它们位于枕骨下方，另外四块枕下肌位于脊柱后方，我们将在讨论背部肌肉时再进行介绍。）所有位于脊柱前方的深层姿势肌在维持上部脊柱长度和支持脊柱上具有重要意义，而且它们能够联合脊柱后方姿势肌共同发挥作用，我们将在讨论背部肌肉组织时讨论脊柱后方的姿势肌。

　　附于脊椎前方的另一重要肌群就是斜角肌（scalene muscles），它们附于颈椎中下段，连于第一、二肋，像拉伸构件或拉索一样支撑上胸廓，还有助于吸气。我们将在第19部分中对斜角肌进行更为详尽的介绍。

12
脊椎

    脊柱，又称脊骨，是由一系列椎骨（vertebrae，vertere的变形）构成的一个有弹性的柱状结构（图21）。在所有脊椎动物中，脊柱构成了生物体核心支撑结构，并且与一个庞大而又复杂的肌肉网相互支持和作用。在改善一个人的动作模式和"使用"模式的过程中，特别是在做一些非必需的或对身体有害的运动时，会过分强调肌肉的作用，因而很容易低估骨骼的重要性，尤其是脊柱。但需要记住的是，为进行运动和对抗重力，肌肉需要一个稳定的结构来进行收缩和舒张。

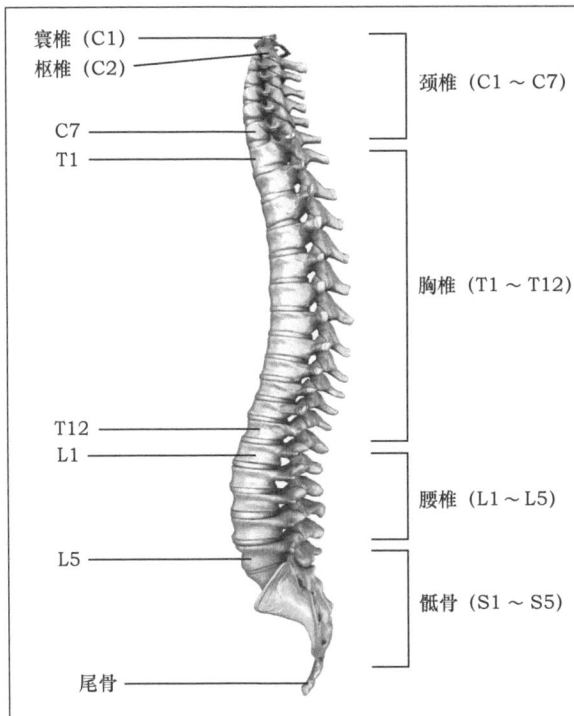

寰椎（C1）
枢椎（C2）

C7
T1

T12
L1

L5

尾骨

颈椎（C1～C7）

胸椎（T1～T12）

腰椎（L1～L5）

骶骨（S1～S5）

图21　脊柱

　　机体内还存在着一些肌肉不参与骨骼运动，如心肌或位于消化道的肌肉，但是与运动相关的肌肉才是我们所关注的，它们需要作用于骨骼，并依附于骨骼。而脊柱是骨性结构的核心部分。

　　脊柱共由33块椎骨构成，包括颈部7块，胸部（又称为"背部"）12块，腰部5块，骶部（骨盆）5块以及尾骨区4块。由于骶椎和尾椎几乎不可分离，并融合形成骶骨与尾骨。所以说脊柱实际上是由24块椎骨，再加上骶骨和尾骨构成的。尾骨（coccyx，是希腊语，意为"布谷鸟"）因其形似布谷鸟喙部而得名；它是尾部退化的残余部分。

　　脊柱的主要功能就是承重，并为保持直立和运动的肌肉提供支撑结构。如果仔细观察，就会发现可将构成脊柱的椎骨分为两部分（图22）。椎骨前部为圆形，椎间盘位于两个椎骨之间，进而相互堆叠形成脊柱。椎骨在背部

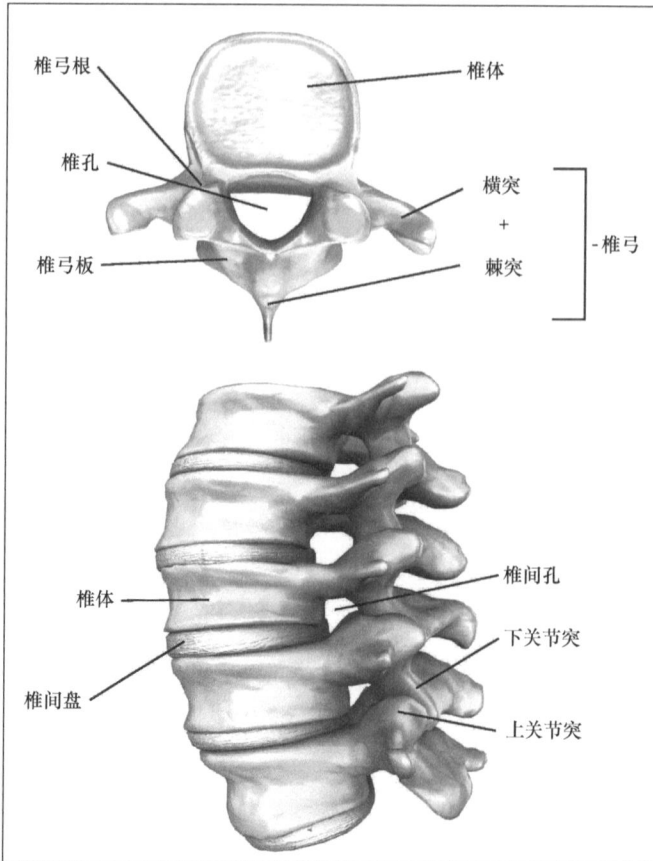

图22　脊椎

形成一个连续的骨性结构，沿背部纵向走行，有多个突起。

　　椎骨前部圆形部分构成了脊柱的承重部分，称为椎体（centrum）。位于椎体之间的椎间盘有弹性且具有减震功能，它们与椎骨共同形成了稳固而又灵活的脊柱，以发挥支持头部和躯干的作用。上段椎骨的椎体和椎间盘相对较小，从上至下随着椎骨承重增加，其椎体与椎间盘也逐渐增大。

　　椎骨的后部叫作椎弓（arch），它有很多功能。椎弓在背部相互连接形成了能够帮助脊柱活动的关节。（将两块椎骨放在一起，它们形成的关节能像拼图积木一样嵌合在一起。）椎骨上的突起分布于整个脊柱，在恐龙和哺乳动物中格外明显，它为作用于脊柱与支撑脊柱的肌肉、韧带提供了附着点。此外，在椎体后方形成了一个孔，它可以保护走行于脊柱全长的脊髓。脊髓由椎间孔（intervertebral foramina）向外分散，将神经分布于对应不同脊椎节段的身体各部位。

　　椎弓由几个部分组成。椎弓根（pedicles）从椎体后部伸出，形成椎管的侧壁。椎弓根继续延伸为椎弓板，临近的椎弓板相互连接形成了椎孔（vertebral foramen）。

　　椎弓根上的侧方突起为横突（transverse process），该突起为韧带与肌肉的附着点。椎弓板连接处向后下方形成骨质突起，即棘突（spinous process）。它是位于脊柱后方的固定突起，分布在脊柱全长，易于在体表触及。当触诊脊柱时，所感觉到的就是棘突，而不是椎骨主体。棘突也是部分韧带与肌肉的附着点。

　　从椎弓根和椎弓板向上向下的突起形成了与椎骨上下相连的关节。由椎弓根向上伸出的突起称为上关节突（superior articular process），它能够与其上位椎骨形成关节。由椎弓板向下伸出的突起为下关节突（inferior articular process），它能够与其下位椎骨形成关节。椎骨间以这种方式沿脊柱全长组成了一系列的关节。

　　相邻椎弓根间的间隙称为椎间孔，脊神经沿整个脊柱的这些间隙向外穿过。

　　总而言之，椎骨是由椎体和椎弓构成的。椎体是椎骨前方圆形部分，构成脊柱的负重支柱。椎间盘位于椎骨之间，是一种具有弹性且柔软的结构，具有缓冲、扭转和弯曲的作用。（当学习脊柱部分的内容时，我们将会更详尽地介绍椎间盘。）椎体向后延伸形成椎弓根和椎弓板，具有保护脊髓的功能；横突与棘突构成肌肉和韧带的附着部；上下关节突与其毗邻的上下椎骨形成关节；位于椎骨两侧椎弓根间的小孔，即椎间孔，有神经分支通过。这些结构共同组成了椎弓。

需要记住的是，所有的椎骨并不都是相同的，前面提到过，脊柱底部椎骨和椎间盘相比其上方的更大。在脊柱不同部位的椎骨间还存在着更为细微的差别；通过观察实际的模型，可以大致了解其中的差异。

特别值得注意的是这两块与众不同的椎骨——寰椎（atlas，是第一节颈椎，上承颅骨）与枢椎（axis，是第二节颈椎）（图23）。

仔细观察寰椎（因其支撑头部而得名），就会发现它有两个值得注意的特点。第一个特点就是它的形状不像其他椎骨，它没有椎体，看起来更像是孔两侧各有两个凹槽的骨环。这是因为它是最顶端的椎骨，不需要宽大区域来支持其上方的椎骨，而是要支持头部。正如我们所看到的，颅骨枕骨大孔两侧存在两个圆形突起，名为枕髁。这两个突起恰好嵌于寰椎环两侧的凹槽

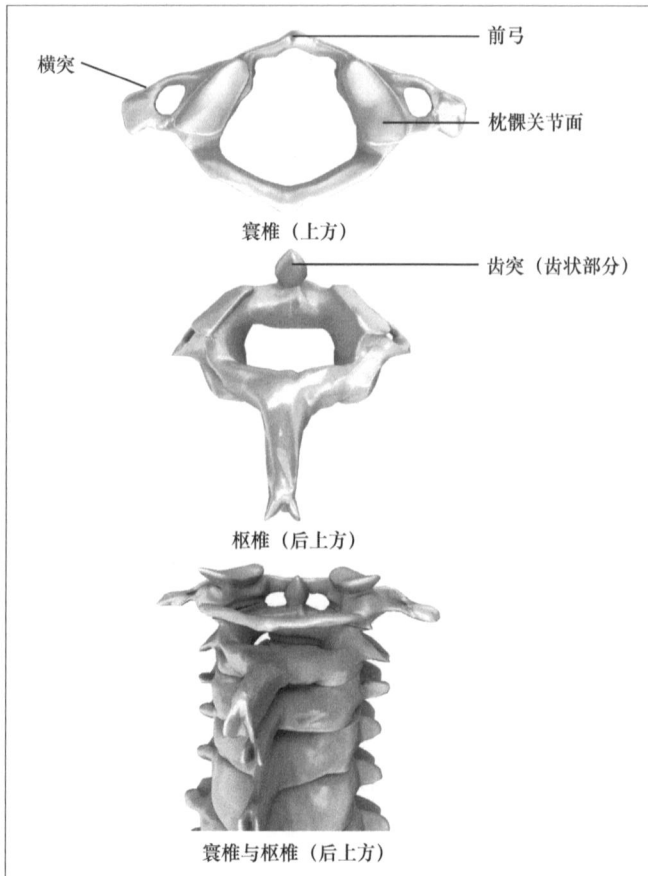

图23　寰椎与枢椎（C1与C2）

中，《格雷氏解剖学》中关于这一点提到"（它）巧妙地配合头部的点头运动"。我们之前所看的这个关节，因为其由颅骨枕部与寰椎构成而被命名为寰枕关节，它是头部于脊柱顶端维持平衡的重要部位（图24）。

寰椎第二个需要注意的特点就是其横突向两侧延伸更远，几乎横跨枕骨部。它是具有点头和转头功能的深层枕下肌的附着部位，而这些肌肉在对抗重力和维持身体姿势中发挥着重要的作用。之后我们将进一步讨论这些肌肉。

枢椎因它与寰椎形成枢轴而得名。寰椎与头部可同时于该枢轴上旋转，结构特点明显。枢椎后部向上的突起称为齿突（odontoid process，意为"牙齿"）。它向上延伸至寰椎前弓。寰椎在枢椎齿突上旋转的关节叫作寰枢关节（atlanto-axial joint），因其由寰椎和枢椎构成而得名（图24）。此外，在所有脊椎动物中，寰枕关节都是构成头与脊柱连接的重要组成。

颅骨与寰椎相连，而寰椎能以枢椎为轴旋转，这都帮助了颅骨在寰椎上完成点头动作，并连带脊柱进行旋转。从这个意义上来说，头颈关节有两个，而不是一个，即由寰椎和颅骨枕部形成的关节以及由寰椎和枢椎构成的关节。这两个关节均有韧带加固。因此，头部在脊柱顶部保持平衡稳定的同时，其活动度还受相关韧带和肌肉的限制。

以上均为脊柱中的重要骨性结构。我们接下来将介绍脊柱的支持结构，并将其归为一类——韧带。

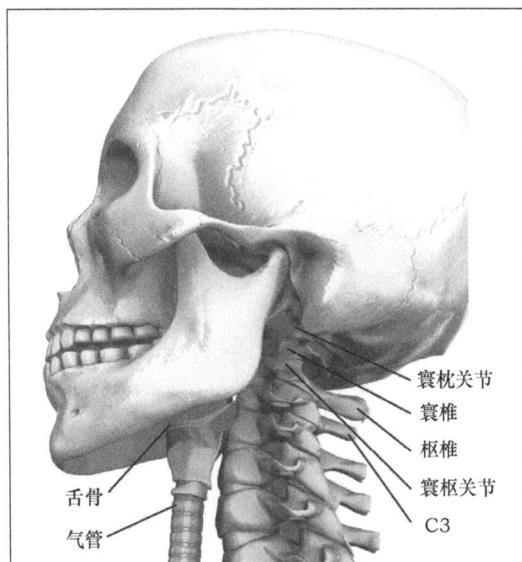

图24　颅骨与头颈间关节

13
脊柱及其韧带

在第12部分我们知道椎骨有两部分：构成脊柱支柱的椎体和位于脊柱后部形成椎管以保护脊髓的椎弓。椎弓间关节使椎骨相互连接在一起，它们也是加固、支持脊柱的韧带与肌肉的附着点。沿脊柱全长分布的神经从脊柱侧方发出，经椎弓形成的孔洞穿出。脊柱是由24块可移动的椎骨、骶骨和尾骨构成的；上部的两块椎骨，即寰椎和枢椎形成了连接头部与脊柱的关节。

许多韧带将椎骨连结在一起，并将椎骨间固定，具有加固脊柱的功能（图25）。棘间韧带（interspinous ligament）于棘突间走行，并将相邻两棘突连接在一起。棘上韧带（supraspinous ligament）于棘突外侧向下走行，将背部全长的棘突连接在一起。横突间韧带（intertransverse ligament）连接着相邻椎骨的横突。黄韧带（ligamentum flava）是第四条韧带，位于椎弓板之

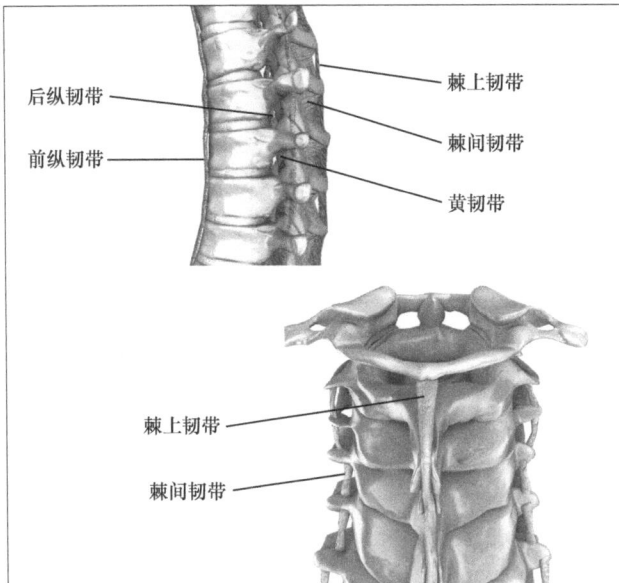

图25　脊柱的韧带

间，它具有一定弹性，因为它连接着脊柱的可活动性关节，所以具有帮助脊柱伸展的功能。

有两条韧带沿脊柱全长支撑着椎体。它们使脊柱成为一个有弹性的承重整体。前纵韧带（anterior longitudinal ligament）走行于椎体前方。后纵韧带（posterior longitudinal ligament）于椎管内侧走行于椎体后方。最上方的两块椎骨与颅骨相连接的部分也有四条韧带能够固定椎骨（无图示）。最后要说的是项韧带（ligamentum nuchae，nuchae意为"颈部"），它将颅骨与脊柱连接起来。当低头使下颌触向胸部时，在枕骨下方能够感觉到绷紧的项韧带。

我们已经了解，椎间盘（intervertebral discs）位于椎体之间（图22），它是由纤维组织与胶状物质构成的，具有缓冲性与弹性。椎间盘除了能够减震外，还能够辅助脊柱屈曲。其楔形外形赋予了脊柱的生理弯曲（脊柱并不是笔直的，而是有曲度的）。

椎间盘是由紧实的纤维外壳包绕液态髓核形成的。髓核具有较强的缓冲能力，但当其持续性受压时，其中的液体会逐渐流失，这就解释了为什么昼夜间身高会发生变化，或宇航员在太空会中发生身高变化，变化量通常为1英寸（约2.54厘米），或更多。随着年龄增长，椎间盘会逐渐失去弹性以及吸收水分的能力，这也是老年人变矮的原因之一。

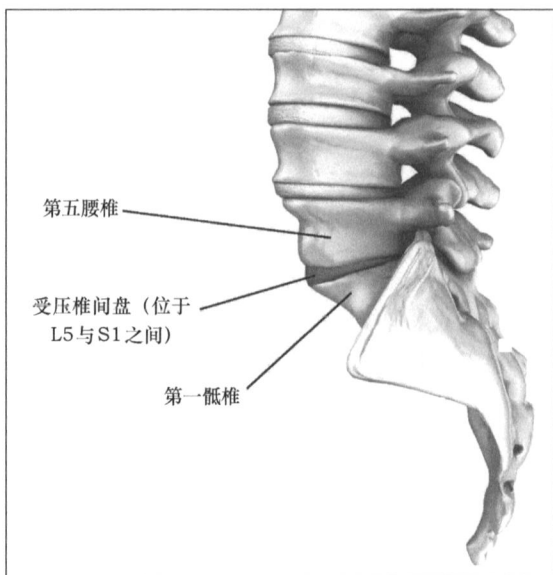

第五腰椎

受压椎间盘（位于L5与S1之间）

第一骶椎

图26　脊柱下段受压的椎间盘

当椎间盘因过度弯曲和姿势扭曲而受到持续性压迫时，会挤压椎间盘后部，导致椎间盘破裂（图26）和液体流出，脊髓或脊神经受压，出现"坐骨神经痛"，有时被误称为"椎间盘滑出"。但椎间盘是不能滑动的，它牢固地连接着其上下椎骨。实际上，真正的病因是椎间盘外部处形成了疝或发生了破裂，引起液体渗漏，产生肿胀，进而压迫神经并引发相关症状。

这种情况易发生于下背部，特别是第一骶椎与第五腰椎间的椎间盘处。因为骶骨与第五腰椎具有一定角度，并对其间的椎间盘施加剪切力，挤压椎间盘后部。此处有各种韧带固定"腰骶"关节，并防止上述情况发生（我们将在讨论骨盆时介绍这些韧带），但持续性压力经常会造成背部该区域受损。

脊柱的特殊结构非常多。现在我们来研究脊柱的整体。很多人都以为脊柱有三个弯曲，即颈曲、胸曲和腰曲。事实上，还有第四个弯曲，由骶骨和尾骨形成的较小弯曲（图21）。其产生的原因是，四足支撑的动物骶曲与胸曲融合成一个较大的拱形结构，像桥梁一样在前后肢上支撑其身体重量。此外，在头部与脊柱结合的部位形成了颈曲，使人体在直立位时，向后弯曲的颈曲能够在脊柱上方垂直支撑头部。在婴幼儿时期，身体会向前弯曲，且背部的弯曲不能支持其保持坐位和直立位。为了维持坐姿和直立位，腰部以下必须发育出另一弯曲，以抵消胸曲的作用。结果就是脊柱形成了四个弯曲，即颈曲、胸曲、腰曲和骶曲（两个向内凹曲与两个向外凸曲保持平衡），它们共同形成了一个能够支撑身体保持直立位的灵活与平衡的支柱。

通常我们说的运动是指四肢的运动，当然，脊柱也能运动。脊柱的运动类型主要是屈、伸、侧屈和环转运动，即我们向前弯腰（屈）、向后弯腰（伸）、侧向弯腰（侧屈），以及使脊柱旋转。脊柱以这些方式运动时，椎间盘受压后变薄，以允许椎关节进行运动。在持续性弯腰和体位扭曲所产生的压力过大时，椎间盘会失去恢复弹性的能力。

因为脊柱承受很大压力，所以椎骨易发生位移，或轻度脱位，这会压迫脊髓并损伤其产生神经冲动的功能。按摩师所做的调理就是纠正这些脱位（有时称之"半脱位"），其目的是恢复神经传导正常冲动的能力。然而，让脊柱处于自然延展状态，其周围肌肉有效地保护和支撑脊柱，才是保证椎关节健康的最有效的方法。

14
背部的深层肌群

回顾脊柱部分，我们了解到脊柱的24块椎骨是由背部一系列的短韧带连接，并由前后两条长韧带支持的。颅骨与最顶端的椎骨（寰椎）形成了寰枕关节；寰椎及与之相连的颅骨，可在第二椎骨（枢椎）上进行旋转。

现在我们来学习背和脊柱周围的肌肉。如果你看过《格雷氏解剖学》，那么你就会知道背部肌肉可分为五层。表浅层是由我们熟知的两块强有力的肌肉——背阔肌与斜方肌构成的。中层肌肉水平走行，并且具有固定肩胛骨和肋骨的功能。更深层的肌肉沿着脊柱纵向分布。最上层的肌肉参与活动度较大且强有力的运动，最深层的肌肉则主要发挥维持姿势的功能。

从解剖角度来看，通常最先看到表浅层肌肉，打开这些表浅层肌肉后，逐渐暴露出更深层的肌肉。而我们将从深层肌肉开始学习，逐渐向表浅层推进。背部有两层深层肌肉，这些肌肉就是之前所说的主要负责调整姿势的肌肉，它们共同构成了脊柱和躯干的伸展肌群，帮助我们维持直立姿势。第一层是由一系列延伸至脊柱全长并保持其稳定的小肌肉组成的，其中有些肌肉的功能相当于连接上下椎骨的短韧带。

横突棘肌（transversospinalis）包括三部分——多裂肌、半棘肌和回旋肌（图27）。多裂肌（multifidus）沿大部分脊柱分布，起于椎骨的横突，斜行走向，止于棘突，填充每侧椎骨棘突间的沟槽。胸半棘肌（semispinalis thoracis）在胸部区域延续着这个模式，但同时覆盖超过两个椎骨。颈半棘肌（semispinalis cervicis）则在颈部区域延续着这个模式。头半棘肌（semispinalis capitis）起于颈椎横突，止于枕部。

回旋肌（rotator）是横突棘肌的另一组成部分，它连接在椎骨横突与其上方的椎弓板上，该肌肉的主要功能是协助胸椎旋转。

脊柱深层的其他三块肌肉组成了背部最深层的肌肉（图28）。前面我们看到横突间韧带连接着相邻椎骨的横突。横突间肌（intertransverse）相当于这些韧带。棘间肌（interspinalis）则相当于棘突间韧带，连接着相邻的棘突（图28）。

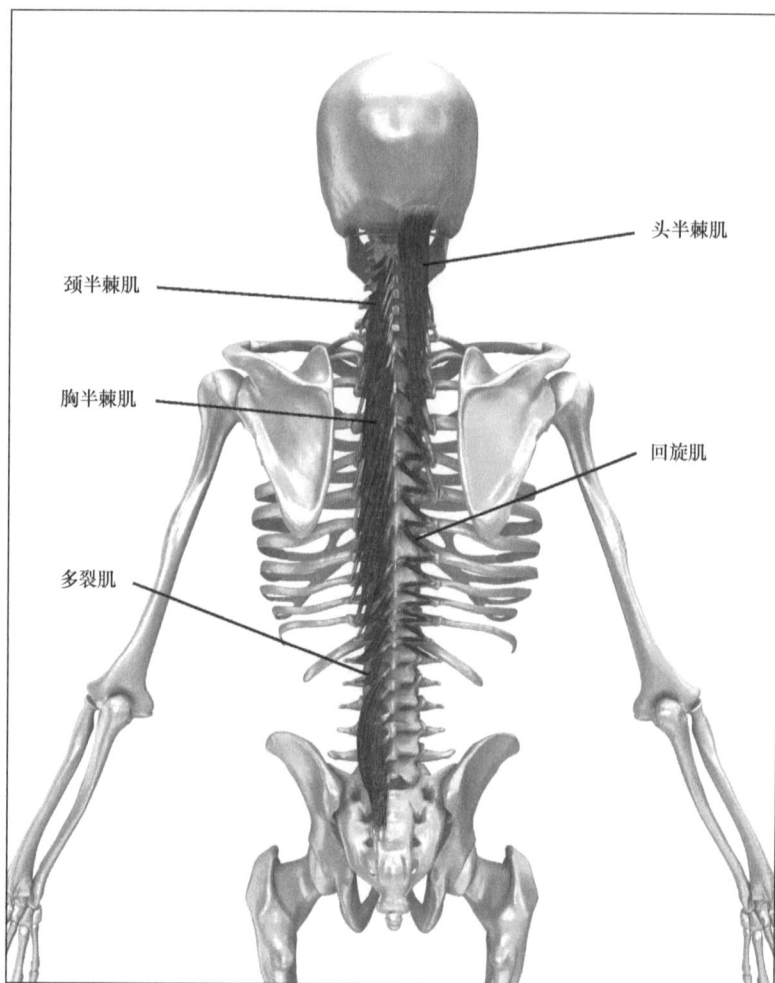

图27 背部肌肉：第一层（横突棘肌）

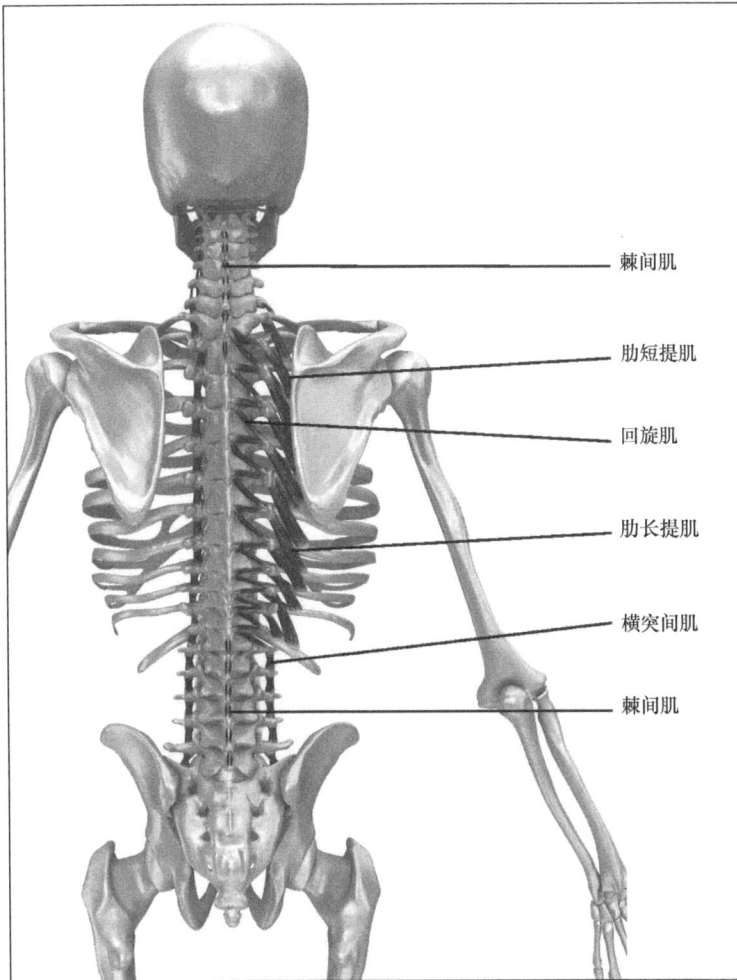

棘间肌

肋短提肌

回旋肌

肋长提肌

横突间肌

棘间肌

图 28 背部肌肉：第一层（续）

最后，肋长提肌（levatores costarum longi）和肋短提肌（levatores costarum breves）起于每个椎骨的横突，向外下斜行，止于下方肋骨。肋短提肌是条单独的肌肉；肋长提肌位于胸椎下部，由一个短头和一个长头组成；短头连于下方肋骨，而长头连于起始处下方第2根肋骨。因为这些肌肉能够上提肋骨，所以我们将会在讨论胸部和肋骨时再次看到它们。

所以背部最深层肌肉沿着脊柱椎骨分布，是由多裂肌、胸半棘肌、颈半棘肌、头半棘肌和回旋肌构成的，且它们共同组成了横突棘肌。肋长提肌和肋短提肌起于每个椎骨的横突，斜行向下，止于下方肋骨。横突间肌和棘间肌也有连接椎骨突起的作用。

这些脊柱深层肌肉是维持直立体姿的姿势肌的重要组成部分。它们不仅帮助脊柱主动进行弯曲和旋转，还能维持脊柱的稳定。起于骶骨的深层肌肉作用于腰椎，帮助维持腰部稳定；而腰椎成为作用于胸椎的肌肉的起点，因此背部的小肌肉群以及韧带有助于加固脊柱以及维持脊柱的延展性。有趣的是，背部深层的姿势肌是交替进行收缩和舒张的，因此当一些肌纤维收缩时，另一些肌纤维可以舒张放松，那么在不影响脊柱长度和姿势肌功能的情况下，可以避免局部肌肉出现疲劳。这对肌肉系统的保持正常功能至关重要。

脊柱背伸肌群中有组深层肌肉尤为重要，其中有两个之前已提到过。它们是枕下肌，因其位于枕骨下部而被命名（图29）。当我们讨论附着于颅骨基底部的肌肉时，可以发现这些沿着背部向下走行的伸肌均与颅骨基底部相连并与维持头部平衡有关。枕下肌群是位于背部深层的小肌肉群，它们将颅骨与脊柱最上方的两块椎骨相连。

实际上枕下肌有六块。最先看到的头前直肌（rectus capitis anterior）起于寰椎横突，止于头长肌后方的枕骨。头外侧直肌（rectus capitis lateralis）起于寰椎横突，止于枕骨，毗邻枕髁部（图20）。这些肌肉全部附着于颅底和脊柱前方，因此并不属于背伸肌群。

还有四个枕下肌附着于颅底，位于脊柱后方（图29）。头后大直肌（rectus capitis posterior major）位于枢椎与枕部之间。头后小直肌（rectus capitis posterior minor）起于寰椎后结节，止于枕部。头下斜肌（obliquus capitis inferior）起于枢椎棘突，斜行向外，止于寰椎横突。头上斜肌（obliquus capitis superior）起于寰椎横突，斜行向上，止于枕部。

枕下肌群将前两个椎骨与头部的平衡联系起来。当位于颈后部的骨骼肌收缩时，会使头部向后下方移动，而枕下肌群产生的牵张力可以保持头部的平衡和稳定。当颈部与背部的肌肉放松和延展时，头部会向前方和上方移动，

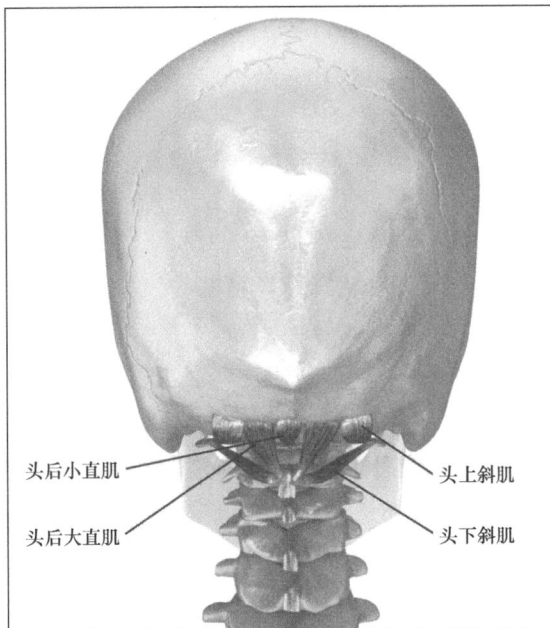

图 29　枕下肌群

位于深层的这些肌肉会感知头部位置的变化，并激活脊柱的姿势肌。因此，枕下肌群是维持身体姿势的重要组成部分，将头部平衡与贯穿脊柱全长的伸肌联系起来。

　　背部肌肉的第二层叫作骶棘肌（sacrospinalis）或竖脊肌（erector spinae），负责保持直立姿势（图30）。这个背伸肌群起于骶骨，由沿脊柱走行的三列重叠的肌束组成。当我们处于半卧位，或者"结构性放松姿势"时，能感觉到背部是由一个连接骶骨直至头部的整体肌群组成，这些肌肉具有良好的弹性。（在下背部能够感觉到两块膨出的肌肉，它们是骶棘肌的一部分；当背部肌肉持续收缩时，这些肌肉最易发生痉挛。）

　　为了清晰了解和辨认这个肌群，可将其分为三列。较外侧为髂肋肌（iliocostalis），起于骶骨大部分，向上向外散开，止于肋骨下段。之后移行为另外两块肌肉，一块起于下位肋骨，止于上位肋骨；另一块从上段肋走行至颈椎横突。

　　最长肌（longissimus）是位于中间纵列的肌肉，它向上直接走行至腰椎和胸椎横突，构成骶棘肌最长的部分。该肌肉向上继续移行为两束肌肉，一束起于胸椎，止于颈椎；另一束起于颈椎，止于颅骨乳突。

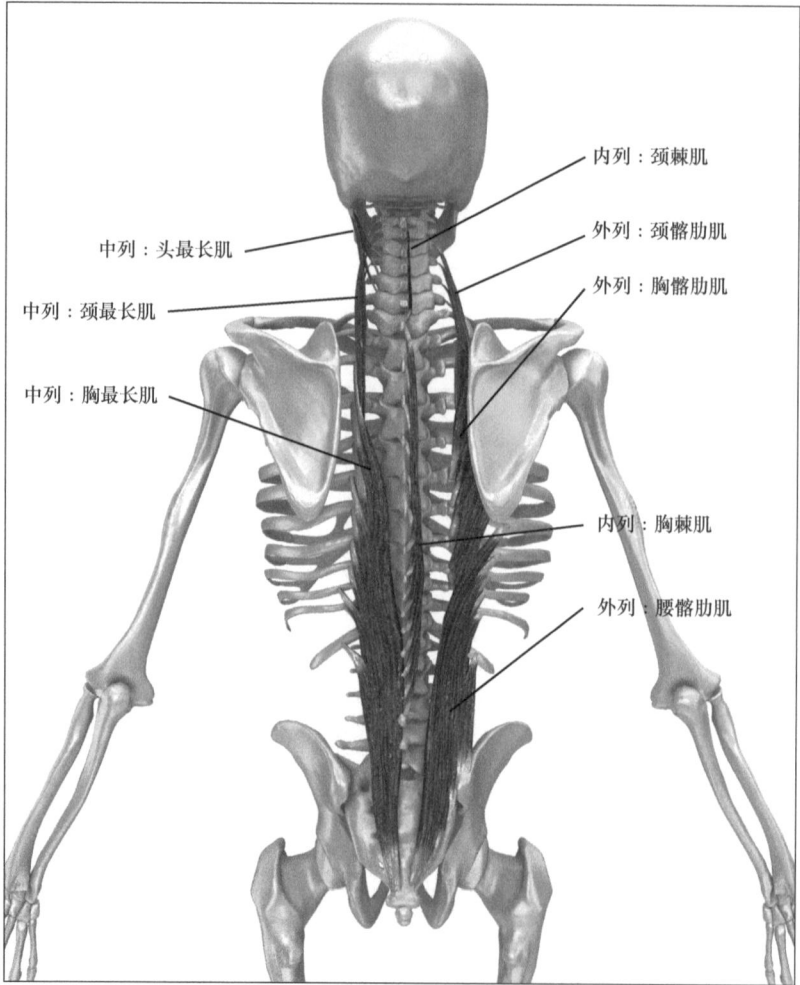

内列：颈棘肌

外列：颈髂肋肌

外列：胸髂肋肌

中列：头最长肌

中列：颈最长肌

中列：胸最长肌

内列：胸棘肌

外列：腰髂肋肌

图 30　背部肌肉：第二层（骶棘肌或竖脊肌）

　　位于内侧纵列的是棘肌，它起于腰椎和胸椎棘突，止于上段胸椎棘突。该肌肉继续向上移行的部分起于下位颈椎，止于上位颈椎。

　　因此这里共有三束肌肉：髂肋肌、最长肌和棘肌，它们共同构成骶棘肌肌群。每一束肌肉都有不同的节段，并根据其作用的区域命名。髂肋肌有三部分：腰髂肋肌、胸髂肋肌和颈髂肋肌。最长肌有三部分：胸最长肌、颈最长肌和头最长肌。而棘肌有两部分：胸棘肌和颈棘肌。

　　这三列肌肉均以骶骨作为起始点，向上走行以支持背部和脊椎下位的区域，然后帮助支撑上背部，最后支撑颈部和头部，构成了起于骶骨，向上移行，并维持直立体位的伸展肌群。虽然重力会有向下的作用，在脊柱前方的重量（如我们抬起胳膊的重量）会使我们身体前屈，但是这些伸肌抵消了这一趋势，并且维持躯干和脊柱处于直立体位。这些肌肉和脊柱间连接的小肌肉群共同作用，对脊柱起支撑的作用。它们作用于脊柱和肋骨，并直接连接头部，维持直立姿势。当身体处于半卧位时，脊柱的伸展使骶棘肌群得到延展和放松，脊柱和背部肌群的功能得到有效发挥。

15
背部的中层和表浅层肌肉

现在我们已经了解了构成背部肌群前两层的伸肌——支持脊椎并维持直立体位的深层肌肉。第一层由沿着整个脊柱至枕骨的连接每个椎骨的小肌肉群构成，包括连接枕部与前两个椎骨的枕下肌群。在其上面的是大而宽的第二层肌肉——骶棘肌群。它起于骶骨，以纵列的形式向上走行于背部，最后止于颅骨底部。这两层肌群共同构成了躯干的伸展肌群，是维持直立位的姿势肌，并且不易产生疲劳。

接下来讨论背部的中层肌肉，或者说是第三、四层肌肉，它们不像第一、二层肌肉那样会影响直立体位，其主要作用是支撑肋骨和肩胛骨。

第三层肌肉由四块肌肉组成：上后锯肌（serratus posterior superior）、下后锯肌（serratus posterior inferior）、头夹肌（splenius capitis）和颈夹肌（splenius cervicis）（图31）。

上后锯肌起于第七颈椎和前两块胸椎的棘突，向外下方斜行，像四根手指一样止于第二至第五肋。

下后锯肌起于上位腰椎和下位胸椎的棘突，向外上方斜行，如上后锯肌一样变为四束，止于四根下位肋骨。"serratus"一词意为"锯齿状的"，用于描述该肌肉的外形。后锯肌的名字是相对于身体前侧的前锯肌而言的。

锯肌肌群作用于肋骨，上锯肌能抬高肋骨，下锯肌能使下位肋骨下降并打开胸廓。后锯肌与腰方肌（起于骨盆，止于最下位肋骨）和肋提肌（附于肋骨横突的较深层肌肉）一起，在固定肋骨和打开胸廓方面起重要作用。当这些肌肉放松时，它们既可以使下背部完全放松，又可以在作用于下位肋骨的膈肌的正常工作中起作用。

背部的伸展主要由构成肌肉纵向系统的深层伸肌完成，同时背部伸展也会使位于不同肌层的肌肉延展，因此会不同程度地影响相关肌肉及功能。其中打开胸廓多依靠在背部斜向和水平走行并附着于肋骨和肩胛骨的肌肉。宽阔的背部由不同肌层的肌肉组成，并具有不同的功能。背部较长的肌肉和深层伸展肌群共同构成了垂直肌肉系统。在背部横向走行的肌肉附着于肋骨

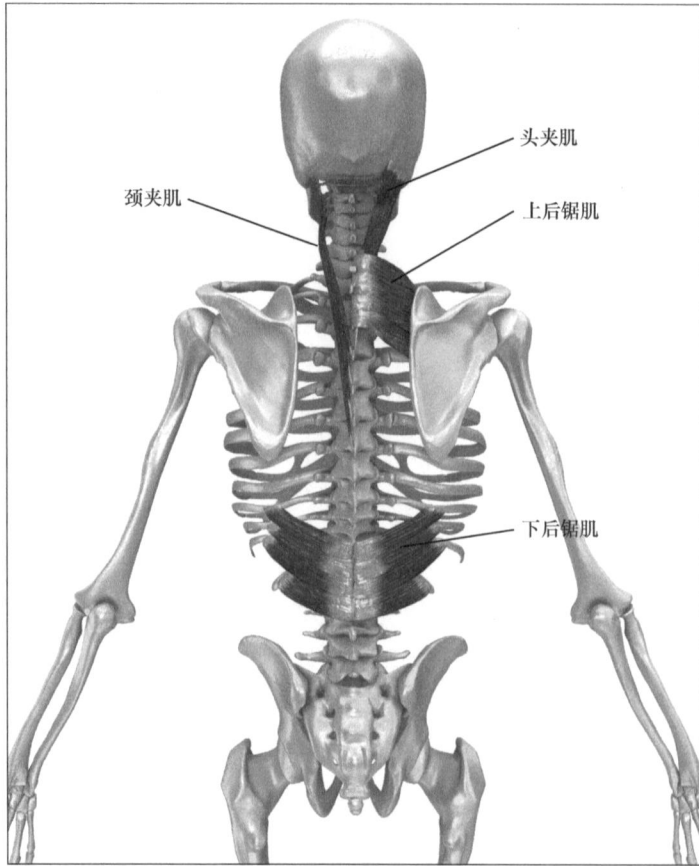

图 31　背部肌肉：第三层

和肩胛骨，使其在水平位或斜向移动。它们的主要功能是固定下位和上位肋骨，作用于膈肌，作为下背部的弹性支撑以及固定肩胛带。该肌群的功能与背部深层的伸肌有很大的不同。

夹肌起于上位胸椎、下位颈椎和项韧带，斜行向上散开，止于上位颈椎的横突（即颈夹肌）和乳突（即头夹肌）。夹肌与其他止于枕部的肌肉共同作用，能够向后牵拉头部，参与头部的旋转，并且在脊柱上支撑头部。

第四层肌群是由肩胛提肌（levator scapulae）、小菱形肌（rhomboid minor）和大菱形肌（rhomboid major）构成的（图 32）。肩胛提肌起于寰椎和上位颈椎的横突，止于肩胛骨内侧缘。该肌肉能抬高肩胛骨。

小菱形肌起于第七颈椎和第一胸椎，向外下方走行，止于肩胛骨内侧

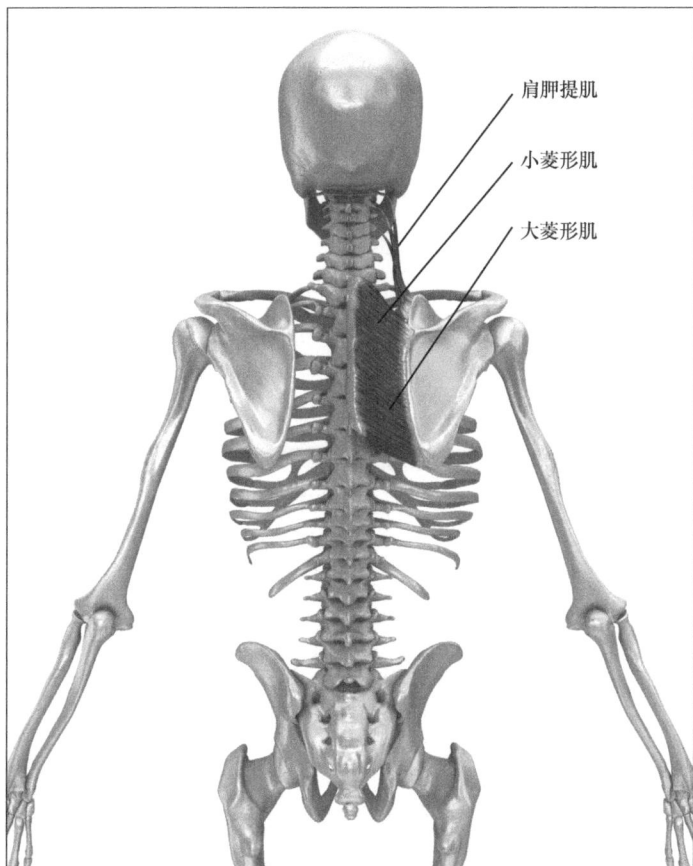

肩胛提肌

小菱形肌

大菱形肌

图 32　背部肌肉：第四层

缘。大菱形肌起于上段胸椎棘突，止于肩胛骨内侧缘。这些肌肉因其形状为
菱形而得名，共同作用于肩胛骨，在移动上肢时维持肩胛骨的稳定。

　　第五层即表浅层肌群由两块覆盖大部分背部的强有力的肌肉组成，即
斜方肌（trapezius）和背阔肌（latissimus dorsi）（图 33）。斜方肌是一个钻石
形状的肌肉，覆盖颈部和肩上部。它起于枕部、项韧带、第七颈椎棘突以及
所有胸椎棘突。这一较宽区域的肌纤维侧向延伸，止于肩胛冈、肩峰以及锁
骨。与前锯肌（我们将在稍后介绍肩胛带时提及）和菱形肌一样，斜方肌作
用于肩胛，使之收缩或聚拢，以固定支撑肩部，在负重时能抬起肩部。

　　背阔肌是一块宽阔而扁平的肌肉。它覆盖于下半背部，起于骶椎、腰
椎、下低位胸椎和髂嵴等区域，如同一条被拧干的毛巾一样，斜行向上扭

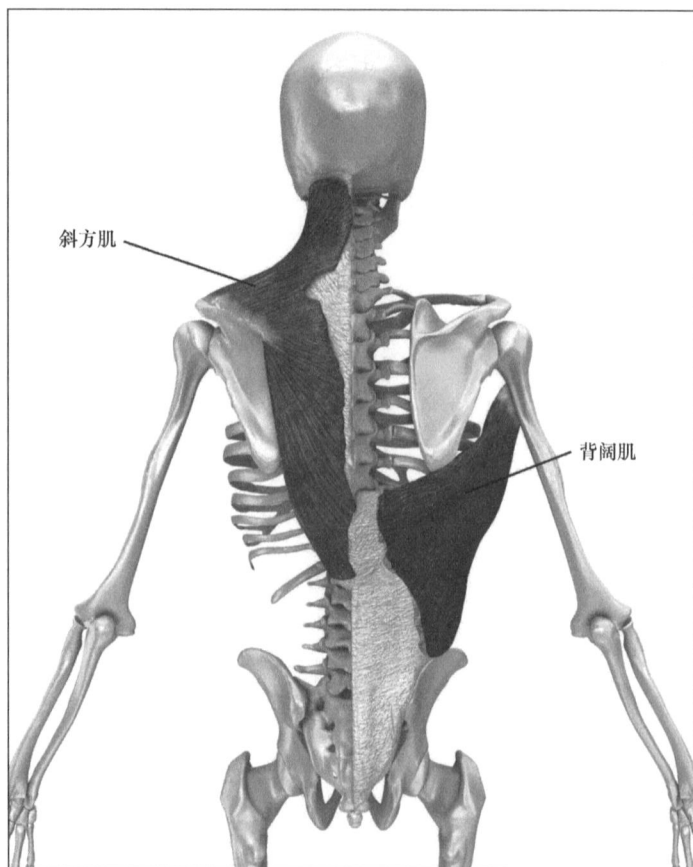

图 33　背部肌肉：第五层（表浅层）

转，止于肱骨上段的肱骨小结节嵴。健美选手的背部可以很容易看到该肌肉
为三角形。当我们使用拐杖时，它能够通过前臂的支撑作用，将上肢和身体
固定。它还参与手臂强有力的下劈运动，如挥动斧子，同时是稳定上臂和背
部的关键肌肉。

　　我们以与《格雷氏解剖学》中背部肌肉层的相反的顺序来总结一下背部
肌肉。

第一层

多裂肌

胸半棘肌

颈半棘肌　　　　　　　　横突棘肌

头半棘肌

回旋肌

横突间肌

棘间肌

肋短提肌

肋长提肌

头后大直肌

头后小直肌

头下斜肌　　　　　　　　枕下肌群

头上斜肌

（头前直肌）

（头外侧直肌）

第二层　　　　　　　　　　　　　　　　　　　　　　伸展肌群

腰髂肋肌

胸髂肋肌

颈髂肋肌

胸最长肌

颈最长肌　　　　　　　　骶棘肌或竖脊肌

头最长肌

胸棘肌

颈棘肌

第三层

上后锯肌

下后锯肌

头夹肌

颈夹肌

第四层

肩胛提肌

小菱形肌   伸展肌群

大菱形肌

第五层

斜方肌

背阔肌

16
附着于脊柱前方的肌肉

在讨论胸部和腹部肌肉之前,我们先观察一下位于脊柱前面的肌肉(图34)。首选是颈前肌群,即连接颅骨和颈部并支撑颈椎或上段脊柱的深层的姿势肌。这些肌肉在骨盆和腰椎处有相对应的肌群。需注意的是,胸椎前面并没有肌肉分布,而是从脊柱腰曲处开始有肌肉分布。这是因为胸椎只需要有背部支撑,而颈部和腰部则需要脊柱两侧都有支撑,以支持头部和骨盆,同时保证颈部和腰部这两个易于弯曲的脊椎部位的伸长和伸展。

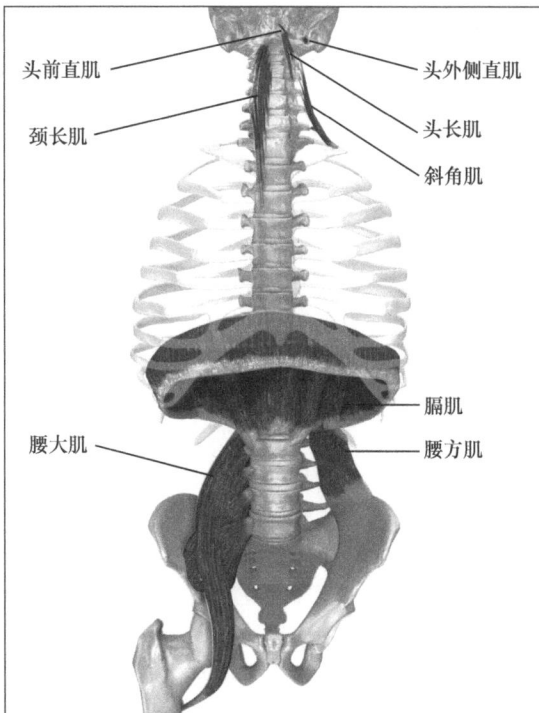

图 34　附着于脊柱前方的肌肉

再来看看位于颈椎前面的四块深层的肌肉。头长肌（longus capitis）起于第三至第六颈椎，止于枕骨。

颈长肌（Longus colli）分为三部分，连接寰椎与上位颈椎，以及连接上位胸椎与下位颈椎。

头前直肌（rectus capitis anterior）起于寰椎横突，位于头长肌后方，止于枕骨。

头外侧直肌（rectus capitis lateralis）起于寰椎横突，移行于外侧并止于枕骨。

另外一组肌肉，即三块斜角肌，附着于颈部脊柱前方，向下走行，止于第一、二肋骨。前斜角肌（scalene anterior）和中斜角肌（scalene medius）起于颈部中下段脊椎横突，止于第一肋。后斜角肌（scalene posterior）从下位颈椎处下行，止于第二肋。这三块肌肉都能够支持肋骨并参与呼吸运动。与附着于颈部脊柱前方的肌肉相对应的是附着于腰部脊柱前方的肌肉。与颈部区域较深层的肌肉一样，这些肌肉的主要功能也是维持姿势，支持脊柱和骨盆，帮助维持直立体位。

腰大肌（psoas major）起于第十二胸椎和腰椎的椎体和横突，向下移行通过骨盆前方时变窄，止于股骨。

腰小肌（psoas minor）比腰大肌窄，并在腰大肌上方走行，它起于第十二胸椎和腰椎上段，汇聚为一条像皮带一样的肌腱，止于髂骨筋膜。

腰方肌（quadratus lumborum）起于髂嵴，向上斜行，止于腰椎横突和第十二肋。

除了这三块肌肉之外，膈肌（diaphragm）附着于腰椎，向前上方展开，形成一个强有力的拱形肌肉，它向下收缩可以协助呼吸运动（当讨论胸部与呼吸作用时，我们将详细讲解膈肌）。像腰大肌和腰方肌一样，膈肌也对腰椎有很强的拉力，因此，当我们研究附于下位脊柱的肌肉时，一定要考虑到膈肌。

此外，值得注意的是在胸椎前方无肌肉分布。胸椎构成了脊柱胸曲，并支撑胸廓；在这个容纳肺和心脏的基本生命支持的结构中，没有肌肉附着于脊柱前方。然而，向前屈曲的颈曲和腰曲部位需要在脊柱前后都有支撑，尤其是在颈部和腰部弯曲容易放大的点，以及腰椎对骨盆的固定点和颈椎对头部的固定点。这些区域的肌肉也需要放松来维持脊柱长度，让背伸肌维持直立姿势，即腰部的放松可以使下背部放松和延展，颈胸部放松可以使颈部和脊柱上段充分延展。

胸腔和腹腔

17
胸腔和呼吸肌

胸腔（thorax，古希腊语意为"穿戴的胸甲或盔甲"）是由肋骨和胸骨构成，具有许多功能（图35）。首先，它为呼吸和循环器官（肺和心脏）提供了骨性保护结构。其次，它与膈肌共同参与了呼吸运动。最后，它为背部和躯干部肌肉提供了附着和支撑结构。

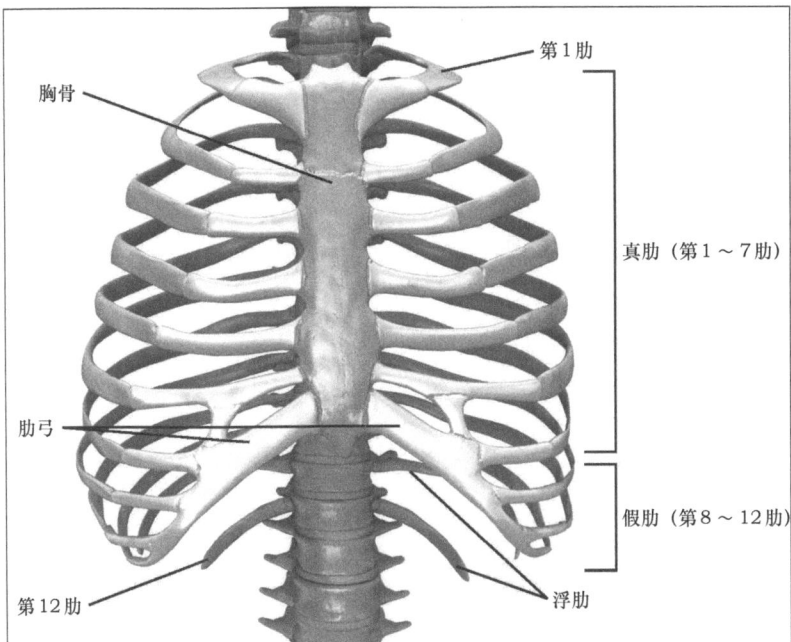

图35 胸腔

位于胸腔两侧的十二对肋骨分别与十二个胸椎相对应。前七对肋骨在前面连接于胸骨，这些称为真肋。剩下五个肋称为假肋，因为它们没有直接连接在胸骨上，但它们在胸骨下方相互连接形成一个弓形结构，称为肋弓（costal arch）。最后两个肋因为没有与前方相连而被称为浮肋。这些肋并不是全部为骨性结构。在与胸骨连接处的肋是软骨，并有一定的弹性。肋弓也是由软骨构成的。

胸腔内的主要脏器是肺和心脏。心脏位于胸骨左下方的位置，肺位于心脏的两侧。膈肌（diaphragm）形成胸腔的下界（图40）。心脏和肺位于膈肌上方。膈肌是分离躯干上下区域的界限，其他主要内脏器官均位于膈肌下方。

我们通常不认为肋骨有关节，但实际上它们与脊柱的椎骨形成可转动的肋椎关节（图36）。每个肋骨都在不同平面上形成关节。首先，肋头与两个临近的椎骨体形成关节，并与两椎骨间的椎间盘构成关节。其次，肋颈与这两个椎骨较低的横突形成关节。肋骨是依靠一些韧带固定在这些关节上的，而这些韧带允许肋骨在单个关节处进行有限的旋转。然而当所有肋骨一起运

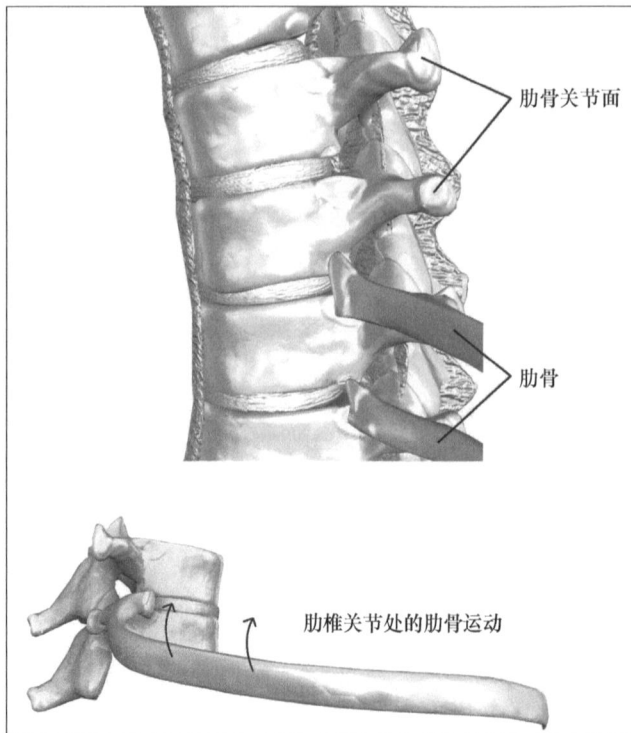

肋骨关节面

肋骨

肋椎关节处的肋骨运动

图36　肋椎关节

动时，就会形成了较大幅度的运动。肋骨参与构成的关节较简单，但需要记住的是肋骨与脊柱形成的关节的功能是参与呼吸运动。肋前方的软骨有弹性，并与胸骨连接形成滑动关节。这些关节使肋骨在呼吸时可以上下移动，并可以使肋骨在与胸骨连接处运动。

十二对肋骨的形态特点大不相同（图35）。如第一肋短小、弯曲。我们通常认为上肋几乎与中肋大小一致。然而，构成胸腔入口的上肋相当小，仅仅是肩带直径的三分之一。通过这个开口，气管、食管等从颈部向下进入胸腔。第二肋形状类似于第一肋，但比第一肋大。继续向下，肋骨长度逐渐增加并开始出现倾斜，与其相对应的躯干肌也围绕着躯干倾斜、盘旋。最后两个浮肋比上面的肋短很多，因为它们与前面无任何连接，所以运动起来更为灵活，它们的功能主要是为膈肌提供附着点。

在背部，肋骨不是直接延伸到侧面形成胸腔。实际上，它们还与背部椎骨的棘突相连。这意味着在棘突和肋骨的后半部分之间存在明显的间隙。纵向的伸肌填满这个间隙，使背部显得平坦。

肋骨的运动对呼吸至关重要。当我们呼吸时，胸骨会稍微上下移动，肋骨在与脊柱形成关节处旋转，就像轻微抬起水桶的提手一样（图36）。肋骨的抬高会增加胸廓的横径，胸骨的抬高也增加了胸廓的前后径（图37）。这都使胸腔内部的整个周长增加，可以使更多空气流进肺部。当然，不是所有的肋骨的运动幅度都是一致的，第一肋运动范围小，而且大体上是越向下肋骨的运动幅度越大，最后两对浮肋活动幅度更大。

当躯干肌群正常工作时，肋骨能够灵活移动，但由于张力和扭曲的姿势，肋骨会被相对固定。当发生这种情况时，为保持胸腔的整体移动，膈肌作为另一个呼吸辅助肌会发生过度收缩来弥补肋骨活动度的不足。不良姿态通常表现为整体向后移动，缩窄的背部会引起肋骨在呼吸时的活动度下降，同时会影响到躯干的直立位体态。当姿势肌发挥作用时会使躯干伸展，背部打开后胸腔恢复到最初的位置，肋骨的活动度得以增加。

有两层肋间的肌肉辅助呼吸（图38）。肋间外肌（external intercostals）起于每一肋骨的下缘斜向前下走行，止于下位肋的上缘。在这层肌肉的下方是肋间内肌（internal intercostals），它们起于每个肋的内面，并且沿着与肋间外肌相反的方向走行，从而连接到肋骨下。肋间外肌的功能主要是通过提肋，增加胸腔宽度来辅助吸气。肋间内肌使肋骨下降引起呼气。

胸横肌（transversus thoracis）位于胸骨下部内面（图39）。它的肌纤维外形像伸长的手指，止于第二至第六肋软骨。有时候会感觉到在胸内部有抓

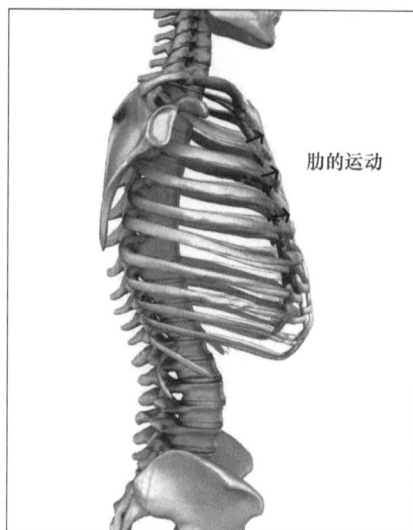

图 37　呼气和吸气时的肋

肋的运动

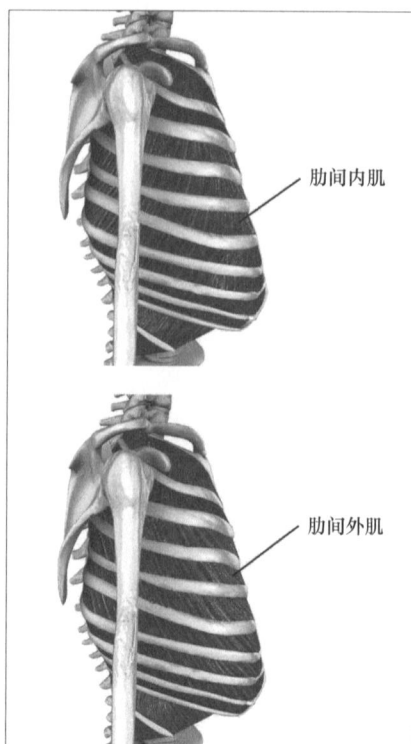

肋间内肌

肋间外肌

图 38　肋间肌

紧的感觉，就是该肌肉在发挥作用。它是主要的呼吸肌（图40），有助于人们在讲话和呼吸时提高和加固胸部。膈肌是主要的呼吸肌，呈穹隆形，由附着在胸廓下口周边的肌纤维形成，止于穹隆中央的中心腱。各肌束起于腰椎、胸骨底部和下位肋骨。实际上膈肌有两个平衡的穹隆，右侧穹隆比左侧的大。主动脉、食管和腔静脉（将血液运回心脏的大血管）以及其他结构，通过膈肌从胸部进入腹部。当膈肌收缩时，尤其是附着在腰椎部分的肌肉，可以将膈肌中心腱下拉，使穹隆凹陷并增大胸腔的空间。

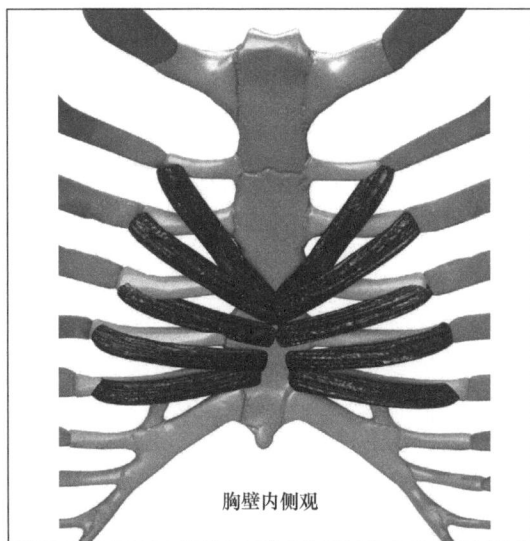

图39 胸横肌

需要明确了解膈肌在体内的位置。膈肌的外围边界可以先沿身体前方最低肋骨向背部环绕，并向下稍微走行至浮肋。膈肌的穹隆顶在平齐男性乳头的平面，这比大多数人想象的膈肌在腹部区域要高很多。在膈肌穹隆顶部是心脏，在两边，直至背部和腋下的是肺。肺的位置也比我们通常认为的要高。

膈肌是非常活跃且持续工作的肌肉，在人的一生中，膈肌需要通过稳定的收缩以确保持续向肺部供应空气。当膈肌收缩，穹隆向下移动并变得平坦，这增加了胸下部的空间并使空气流进肺部（图40）。肋骨上提也有助于扩大胸腔内部空间，使空气流入肺部（图40和图37）。当肋骨下降和膈肌升高时，可以促使空气呼出。许多人错认为膈肌主动收缩时会整体上升而不是向下运动（这可能是由于肋骨在吸气时上升）。膈肌的向上运动是被动的，即当膈肌松弛时，肋骨下降，空气被迫从肺部离开。当我们屏住呼吸时，膈

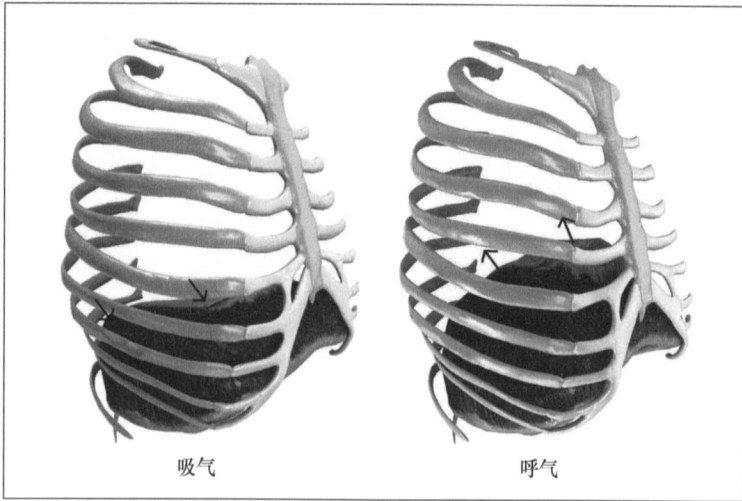

吸气　　　　　　　　　　呼气

图40　膈肌

肌位置保持不动；尽力呼气时，允许膈肌充分上升。

　　支撑胸腔上部的斜角肌（图43）起于颈椎上段，止于上位肋骨处。它们被认为是呼吸肌，因为它们从上面支撑固定肋骨并且在用力吸气中发挥作用。然而，上位肋骨实际上对呼吸并没有起很大作用。它相当短小且固定，与之相连的斜角肌主要起固定胸腔上部的作用，实际上对呼吸并没有太大帮助。我们将第19部分讨论支撑胸腔的肌肉。

18
腹部肌肉

我们现在介绍腹部肌肉（图41和图42）。将肋骨或躯干上部的肌肉与腹部肌肉做对比，会发现腹部的肌肉就像胸部的一样，是斜向走行或是胸部肌肉的延续。事实上，整个躯干像是一个由大块肌肉纵横交叉包裹的管子。肌肉常在腹部前方垂直穿行，并且环绕腹部。需要记住的一点是，胸部和腹部的斜行肌肉确实是连续的，形成环绕躯干的螺旋线肌肉系统。（我们会在第20部分进行介绍。）

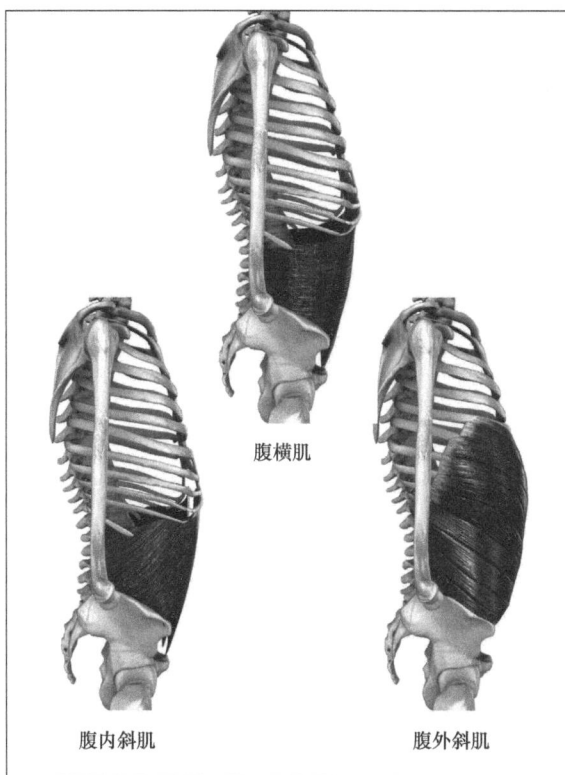

腹横肌

腹内斜肌

腹外斜肌

图41 腹部肌肉

　　腹部肌肉由与肋间内肌、肋间外肌和胸横肌类似的三层肌肉构成。我们经常认为腹部区域就是肚子，但事实上它从肋弓和剑突处（胸骨底尖的部位）一直延伸到下方的耻骨。腹部的大部分肌肉组织，特别是中心部位，是由扁平的腱膜组织构成的。腹部侧面的斜形肌肉最终汇聚到连接耻骨到胸骨的剑突并垂直走行的肌腱，这种腱性结构被称为白线（linea alba）。

　　在腹部区域有四块主要肌肉。腹外斜肌（obliqueus externus abdominis）起于最下方八个肋，它的肌纤维直接下行止于髂嵴，向前下方斜行止于白线的腱膜组织（图41）。该肌肉是胸部肋间外肌的延续。

　　腹内斜肌（obliqueus internus abdominis）起源于髂嵴和腰筋膜（图41）。它的肌纤维呈扇形，止于耻骨、白线、第八至第十肋软骨和最下方三对肋骨上。它是胸部肋间内肌的延续。

　　第三块肌肉为最深层的腹横肌（transversus abdominis），对应于胸部的胸横肌（图41）。它起于髂嵴、腰筋膜和肋骨，止于白线和耻骨联合的腱膜组织。《格雷氏解剖学》认为腰筋膜是其在背部后方的腱膜组织，从身体侧方移行为肌肉，最终止于肌腱组织。

　　腹直肌（rectus abdominis）是通常被称为"abs"的纵向肌肉，可以沿

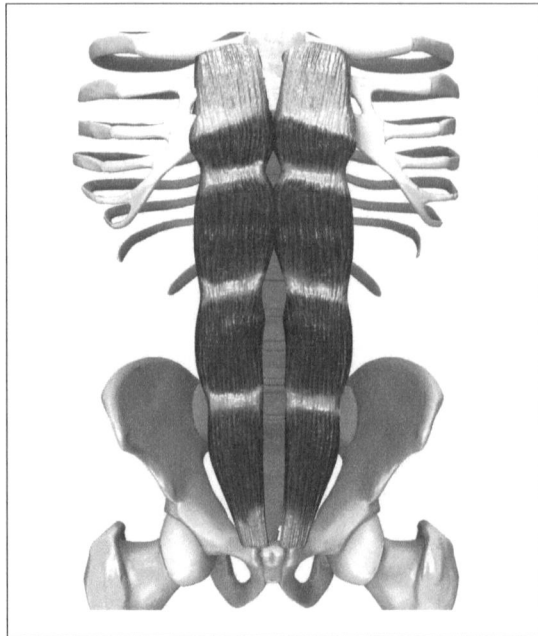

图42　腹直肌

着腹部前方形成肌肉隆起（图42）。它起于耻骨联合，且以轻微向外的角度沿着白线向上走行，止于第五至第七肋；它由腹斜肌和腹横肌组成的腱鞘包围。这块肌肉是唯一可以直接在腹部观察到的肌肉，其他的肌肉在腹部并不突显形状。腹直肌是躯干的屈肌，它通过作用于胸腔，有力地收缩或弯曲，使身体前屈（如做仰卧起坐）。腹直肌作为身体前方屈肌系统的一部分来对抗背部伸肌，在保持直立姿势中起重要作用。当腹部肌肉不能收缩时（腹部手术或剖宫产手术后），会出现走路困难甚至很难维持完全直立姿势的情况。

第五块肌肉被称为锥状肌（pyramidalis），位于腹直肌的前方（无图示），它是白线的张肌。

腹外斜肌、腹内斜肌、腹直肌和腹横肌构成腹腔的前壁和侧壁。这几个壁会随着年龄增长而逐渐松弛，不仅是因为肌肉失去张力，也是因为身体内脏失去支撑，从而使内脏向前方下垂。腹腔的后壁是由脊柱前方的膈肌、髂肌、腰大肌和腰方肌构成的。当我们讨论到盆腔区域时会对这些肌肉进行详细讲解。

19
胸腔的辅助肌

让我们回顾一下支撑和固定肋和胸腔的肌肉。整个胸腔是由不同肌肉支撑的。首先，我们看到斜角肌起始于颈椎，止于第一、二肋，分为前斜角肌、中斜角肌和后斜角肌三部分（图43）。前斜角肌和中斜角肌起于颈椎中下段的横突，止于第一肋。后斜角肌起于颈椎下段，止于第二肋。这些肌肉经常被描述为呼吸肌，因为它们在用力吸气中发挥了较为积极的作用，但更确切地说，它们是将胸腔固定在脊柱上部的受拉构件，从这个意义上讲，它们的功能更多的是帮助固定呼吸装置，而不是辅助呼吸。

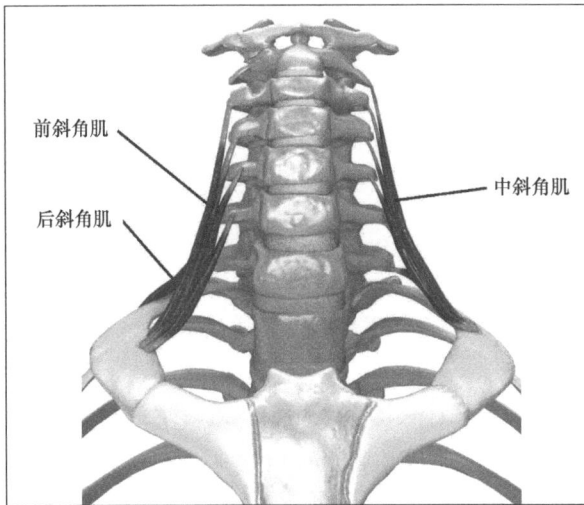

图43 斜角肌

身体和胸腔前方最重要的肌肉之一是胸锁乳突肌（sternocleidomastoid）（图44）。它起于胸骨和锁骨，止于颅骨的乳突。它是头、颈屈肌，并能协助头部进行旋转。像斜角肌一样，它也被认为是辅助呼吸肌，并且在用力吸气时发生明显收缩。然而，更准确地说，胸锁乳突肌对整个胸腔提供支撑，在这种意义上，它是胸腔和身体前方的一个关键辅助肌。

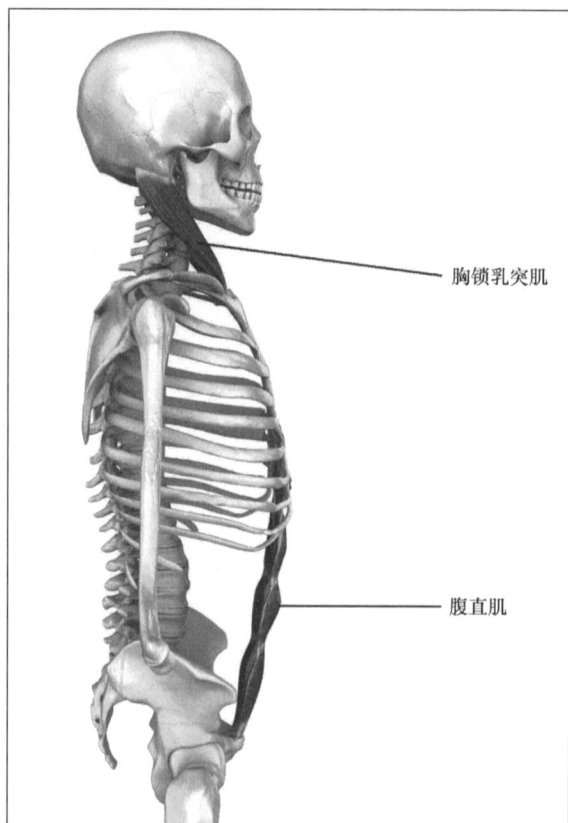

图44　胸部辅助肌

　　需要注意的是，像颈部和喉部肌肉一样，胸锁乳突肌附着于颅骨的基底部。这有两个很重要的原因。第一，胸腔和身体前方屈肌看似与头部无直接联系。然而事实上，胸腔通过胸锁乳突肌而悬挂在颅骨下方。这就意味着，身体后背的伸肌和身体前方的屈肌都与维持头部在脊柱上的平衡有直接关系。

　　第二，注意胸锁乳突肌在头部的附着点是乳突，它位于脊柱上的头部平衡支撑点的后方。这就意味着，尽管胸锁乳突肌受到牵拉会使颈部前屈，但它会使头部在寰枕关节处后移。因此，为了保持身体前方的延展性和胸腔的稳固，头在颈后侧必须保持放松来伸展脊柱。胸锁乳突肌是身体前部的关键支撑，就像背部伸肌一样，是由它对保持头部在脊柱上的平衡的功能决定的。

　　腹直肌（rectus abdominis）位于胸腔的底部，从下方作用于肋骨，它形

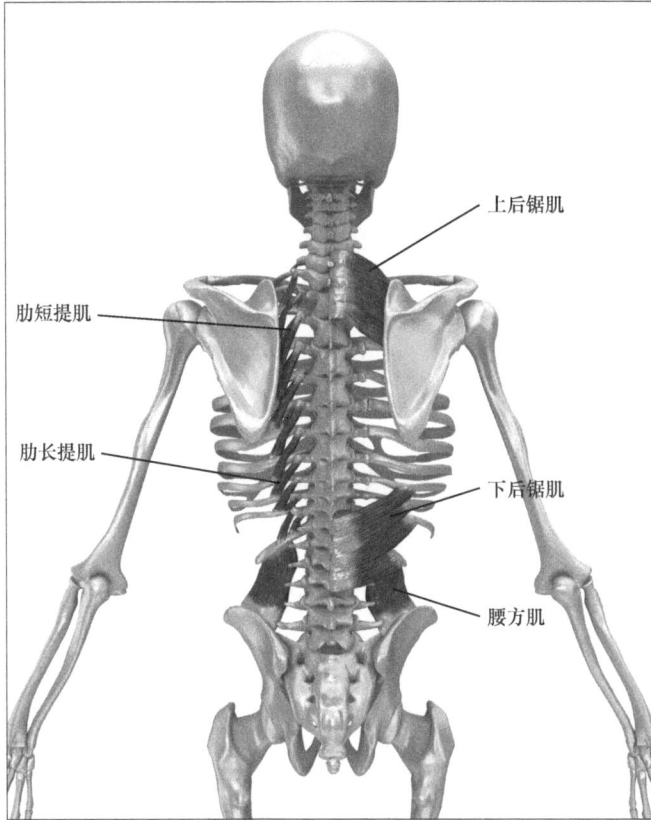

图45 胸部肌肉

成了身体前方的部分屈肌并固定了胸腔（图44）。它是躯干的强力屈肌，有助于呼气，但需处于放松状态，以保持胸腔和身体前方原有的长度和支撑。从髂嵴走行至浮肋的腰方肌（quadratus lumborum）从后面作用于胸腔，而不是前面（图45）。

　　以这种方式来看，胸腔的支撑结构与喉部有所不同。它们的相同之处为，胸腔也是由肌肉从上方的头部来支撑或悬挂的，并与一直走行至骨盆前后的肌群相互作用；同时胸腔的塌陷也可使身体的姿势肌"失用"；而胸腔肋骨的正常功能需由"外部"和"内在"的肌肉协同完成。不同之处在于，肋骨本身就是躯干和脊柱支撑结构的一部分，位于身体前侧，是起屈曲作用的牵拉构件，需与背部的伸肌协调作用，来为维持整个身体的平衡提供支撑。

　　现在我们来看一看支撑和扩肋的其他肌肉（图45）。在浮肋附近区域，下后锯肌起于上位腰椎和下位胸椎棘突，斜向外上方走行，分成四个分支，止于四根下位肋骨。它的功能是向后向下牵拉肋骨，支撑和打开胸腔下部。腰方肌起于髂嵴，斜向上走行，止于腰椎横突和第十二肋。腰方肌作用于浮肋，帮助支撑下背部并保持下背部的弹性。肋长提肌和肋短提肌起于椎骨横突，斜下走行，止于下方肋骨。

当我们研究背部深层肌肉时，会先观察肋提肌。当腰方肌和肋提肌正常运行时，背部下方会充满弹性，浮肋活动度良好，背部保持良好的伸展，整个身体更加轻快和稳定。

在胸部上方区域，上后锯肌在胸部上方有上提肋骨的作用。背阔肌是覆盖大部分下背部的表浅层肌肉，有助于保持打开和支撑背部和胸部（图33）。由于它止于肱骨上部，上肢外展有助于该肌肉发挥其主动支持作用。当整个胸腔作为一个整体被良好支撑且躯干伸展时，这些"外展"的肌肉作用越来越有效，增宽了背部并为肋骨提供稳定的支撑。

20
躯干螺旋线肌肉系统

我们已经了解到腹部斜肌群与胸部斜肌群相延续，它们围绕身体且交叉螺旋，形成围绕整个躯干的连续性肌肉系统，使躯干像是一个被肌肉包裹的圆柱体。事实上，这个圆柱体包括头部、颈部、围绕头部至骨盆的螺旋肌肉线以及延伸到四肢的肌肉。从这个角度来讲，基本上可以把人体看成是一个从头和嘴开始并且止于骨盆，被螺旋线肌肉包裹的圆管。

现在我们开始介绍躯干的一条螺旋线，它起始于骨盆右侧前方（图46）。我们看到腹部右侧的腹内斜肌起于骨盆和腰筋膜的边缘，并斜向上走行至白线和肋骨中线。越过中线并继续沿着这条线的方向会连接到另一边的腹外斜肌，而它起于白线的中线、耻骨联合和髂嵴，斜向外上走行。这条线在肋间外肌覆盖了胸部和颈椎棘突，具有提助的功能；然后移行为始于颈椎横突的斜向深肌群，并止于右侧枕骨。

因此，从骨盆右前缘开始形成了连续的螺旋线肌肉系统，它穿过腹部至左下胸部，环绕肋骨周围至背部，继续斜向跨过椎骨横突后穿过背部，最后止于右侧枕骨后面。身体的另一侧具有相同的螺旋线，这两条相互交错的螺旋线包绕了躯干。

与这两条螺旋线的起始位置不同，另两条螺旋线从身后开始。如从左侧骨盆后嵴开始，那么它在穿过右侧背部的肋骨后，环绕肋骨至胸骨前，止于左侧乳突。它也可以从右侧骨盆后缘追溯至右侧乳突。

螺旋线可从右侧骨盆前嵴开始，越过左侧肋骨后，环绕肋骨至颈椎附近，最后在它的起始侧枕部结束。当追溯另一条螺旋线时，可以从右侧骨盆后嵴开始，穿过背部至右侧浮肋，包绕躯干并穿过胸骨，并且在右侧乳突处结束。在相反的方向，一条螺旋线能够从左侧骨盆前嵴开始追溯，终止于左侧乳突。

因此，不能简单地将躯干的肌肉系统看作是一系列的肌肉，而应将其看作一种螺旋线肌肉系统，其功能为改变因扭曲或扭转而导致的身体的不平衡。这种扭曲可以导致脊柱侧弯和其他脊柱畸形，但它存在于所有人中，尤

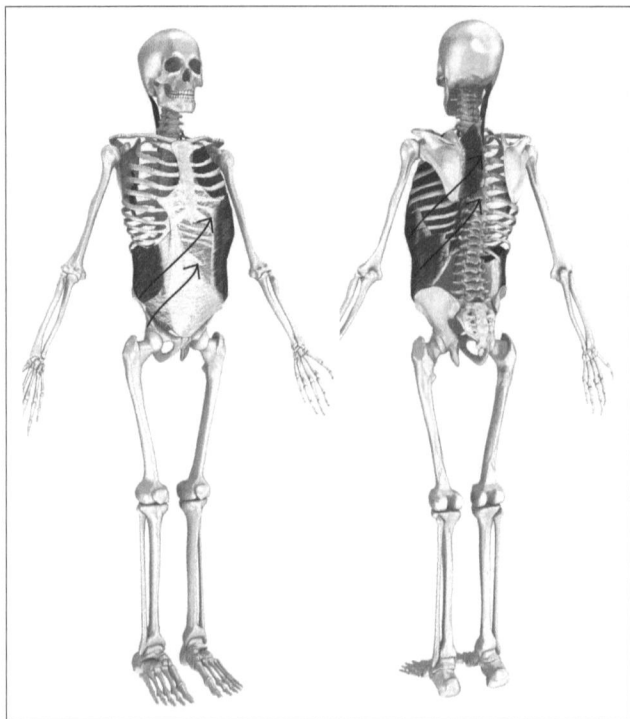

图46　躯干螺旋线肌肉系统

其是那些从事单边工作（身体肌肉组织的不对称扭转）的技术工作者。当我们因重力的关系塌腰或倒下时，我们的身体姿态不仅向下，还有扭曲。每个人都会有扭曲的姿势，螺旋线是找出因身体扭转而引起的重复性扭伤的关键。总之，我们不会简单地在矢状面或二维空间中移动，而是进行三维或者是螺旋的运动，理解螺旋线肌肉系统对运动和合理利用身体是十分重要的。

肩胛带与上肢

21
肩胛带

肩胛带是一个位于上胸廓上方的轭状骨骼组合体，它为手臂的固定和做大幅度动作提供了一个可活动性结构（图47与图48）。肩胛带由四块骨头组成，即2块锁骨和2块肩胛骨，它们"悬浮"于胸腔上端而不与脊柱或肋骨连接，仅有锁骨与胸骨连接形成胸锁关节。

肩部与上肢，就像骨盆和下肢一样，具有相似的结构，其目的都是使四肢固定在躯干上并且可以进行移动。上肢与下肢均由一个带状或轭状结构所支撑，与躯干连接处为球窝关节；它们均是由一块长骨连接另外两块骨构成的，并形成了一个活动手部和足部的杠杆系统；手部和足部的结构也是十分相似的，但是当身体处于直立位时，上肢自然下垂且有更多的操作能力。肩胛带只与中轴骨中的胸骨相连（并不像骨盆那样直接牢固地连接于脊柱），它并不是完全固定不动的，这给予肩胛骨很大的活动度并使得手臂的活动范围远大于与骨盆相连的腿部的活动范围。

锁骨（clavicle，clavis意为"钥匙"），形成肩胛带的前方（图47）。它们与胸骨连接构成胸锁关节，这是胸骨与肩胛带和手臂唯一的骨性连接点。肩胛骨（scapula，希腊语，意为"铲子"），外形为翼状，形成肩胛带轭状结构后部（图48）。肩胛骨是一个三角形骨，在它顶端的外侧角处形成棘状突起，最高点为肩峰（acromion process）。锁骨外侧末端与肩峰构成了肩锁关节（acromioclavicular joint）。肩胛骨在其前方形成另一个突起，名为喙突（coracoid process，希腊语，意为"乌鸦"）（图48）。它为胸廓前方的胸肌和手臂内侧的屈肌提供了附着点。

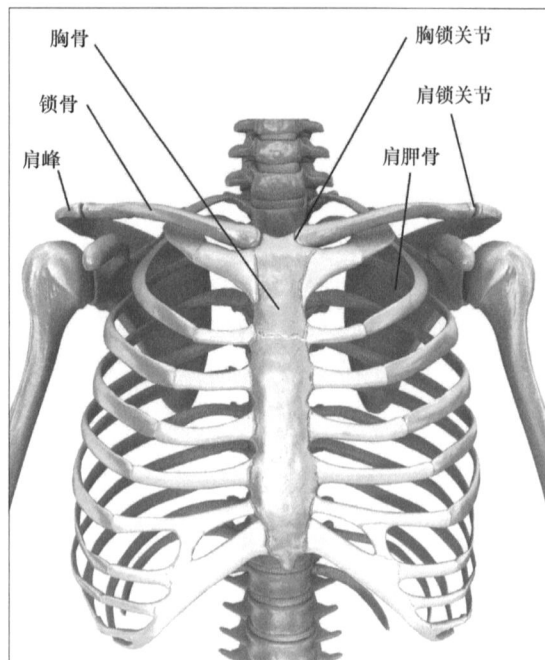

图47　肩带关节

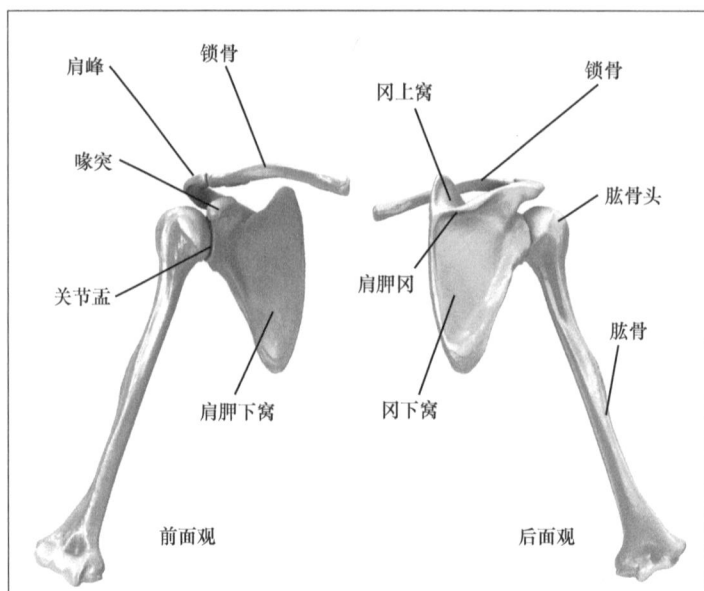

图48　肩胛骨和肩关节

在肩峰下，肩胛骨与肱骨（humerus）头之间为一个臼或凹槽样结构，名为关节盂（glenoid cavity，希腊语，意为"窝"）（图48）。因为肩胛带悬在胸廓上方，且关节盂较浅，使得手臂能够在这全身活动度最大的关节处做各种运动。当手臂进行较宽范围的运动时，肩胛骨也会移动，进而带动锁骨。因此，当通过肩关节移动上臂时，整个肩胛带都会发生移动。需要特别指出的是，肩胛骨能够沿着肋骨的弧线进行旋转，协助手臂进行各种运动，使之具有较大的活动范围。

有很多肌肉都可以作用于肩胛带（图49）；如图所示，斜方肌是一块覆盖于上背部的强有力的肌肉，它起于枕骨、项韧带及颈椎下段和全部胸椎的棘突，止于肩胛骨和锁骨。背阔肌是覆盖于胸背下部的较大块表浅肌，它形似扇形，从骶骨和整个脊柱下部起始散开，汇聚于肱骨小结节嵴。斜方肌和背阔肌的起始位置几乎为从头部至骨盆的整个脊柱，它们共同作用于肩胛带。因此，作用于肩胛带和上肢的肌肉组织不仅有肩关节周围的肌肉，还有整个躯干周围的肌肉。

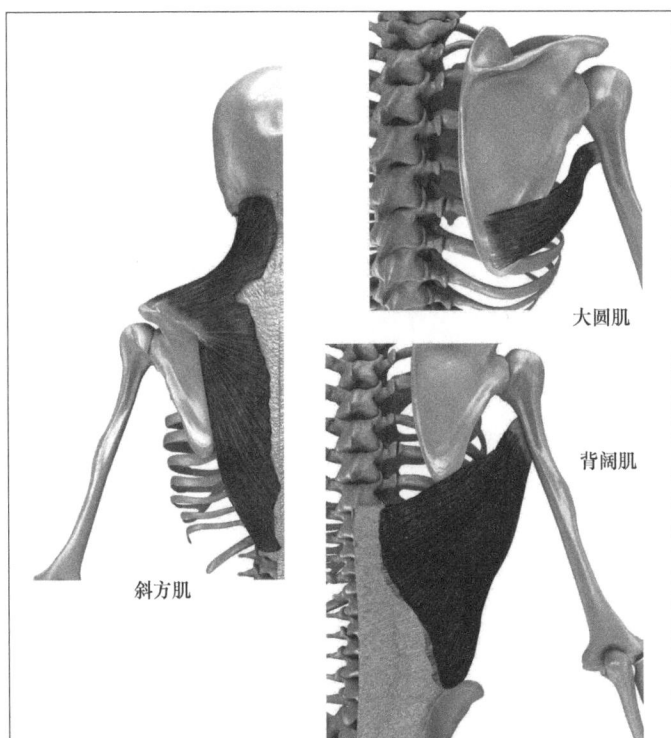

大圆肌

背阔肌

斜方肌

图49　斜方肌、大圆肌和背阔肌

从表面上看，肩只是胸廓的一部分，但实际上肩胛带并不直接连于胸廓，而是被位于其上方的肌肉悬吊，"悬浮"于胸廓上方。除了被肌肉悬吊固定，肩胛带还通过锁骨与胸骨连接，再通过胸腔间接地连接了脊柱。

固定锁骨、胸骨和上位肋骨的肌肉是胸锁乳突肌和斜角肌（图43与图44）。胸锁乳突肌起于胸骨和锁骨，止于颅骨乳突，从颅骨基底部悬吊于肩胛带前部；斜角肌固定胸廓上部。

肩胛带背面是大菱形肌和小菱形肌，它们起于胸椎，斜行向下止于肩胛骨内侧缘。肩胛提肌起于寰椎和上位颈椎的横突，止于肩胛骨内侧缘。这些肌肉帮助支撑和稳固肩胛骨，并且能够在肩部和上肢运动时抬高肩胛骨（图50）。

前锯肌（serratus anterior）起自体侧上端八个肋骨，止于椎骨或肩胛骨内侧缘（图51）。其主要功能是，在上肢抗阻做推动或伸展运动时稳固肩胛骨。

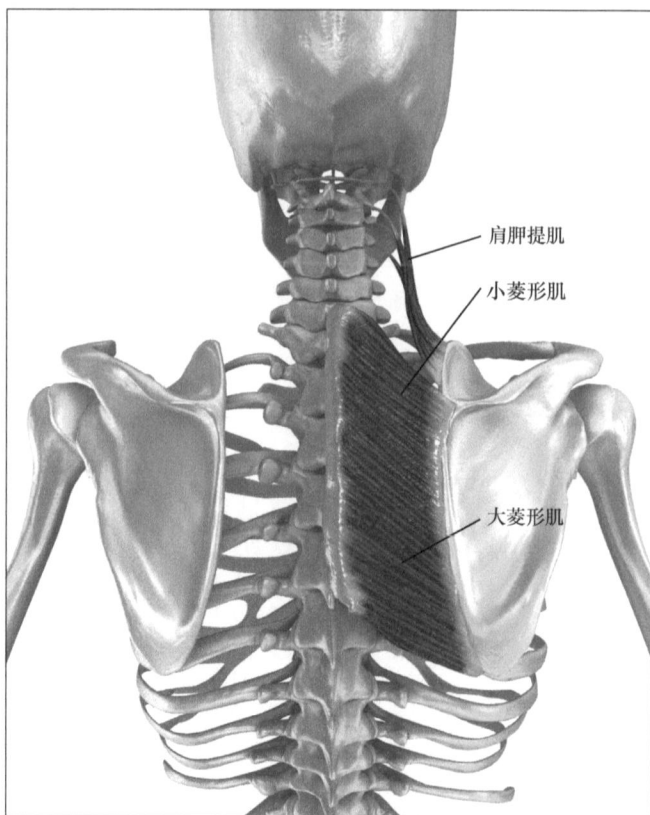

肩胛提肌

小菱形肌

大菱形肌

图 50　肩胛肌群

　　从这个角度来看，肩胛带是由起始于头部、颈椎以及整个躯干长度，并起着固定胸部上方、胸骨、锁骨和肩胛骨的作用的肌肉所支撑的。一般情况下，肩胛带并非是塌下来或压在胸廓上的；当肩胛带由各肌肉群轻轻地悬吊于胸廓上且未被躯干和穿行于肩前的肌肉挤压，此时其处于最佳功能状态。

　　以下为作用于肩部前方的肌肉。胸小肌（pectoralis minor）起于第三至第五肋的近胸骨处，向外上方走行，止于肩胛骨喙突（图51）。它是一个重要的肌肉，因为当其长期收缩时，如上肢在进行大量伏案工作后，肩部会向前方汇拢，同时伴随肩关节的前移，此时肩胛带则不能自由垂下和放松，而是固定于体前，并最终影响上肢正常工作。当放松胸小肌时，喙突前方肌肉张力降低，使得肩胛带不会紧贴胸腔。

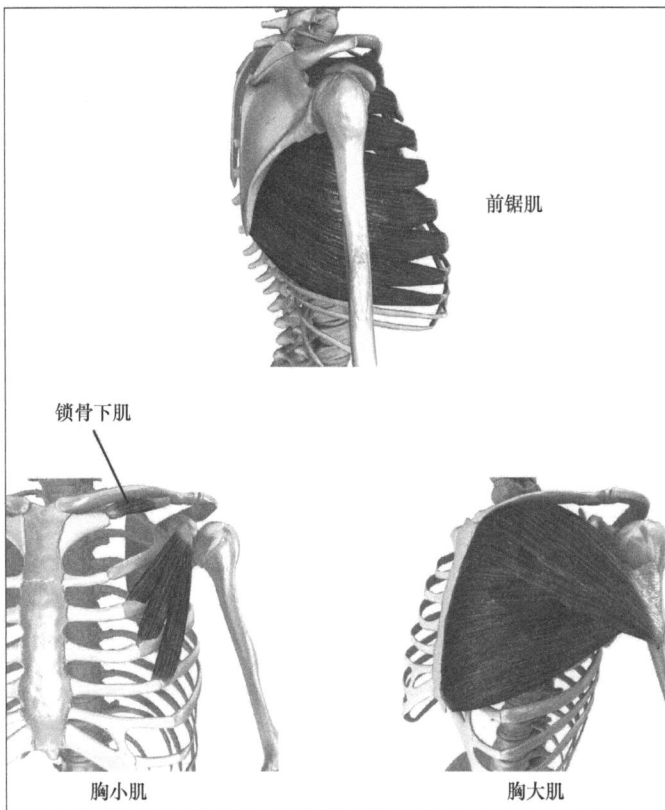

前锯肌

锁骨下肌

胸小肌

胸大肌

图51　前锯肌和胸肌

　　胸大肌（pectoralis major）是一个位于胸小肌上方的大块扇形肌肉，它赋予了胸部特有的形状（图51）。它起于锁骨内侧半、胸骨、真肋软骨和腹外斜肌腱膜，其肌纤维穿过胸部形成肌腱，止于肱骨干上部的大结节嵴。

　　另外，大圆肌（teres major）的止点也位于肱骨上部，它起于肩胛骨下角，向上斜行并止于上臂内侧（图49）的肱骨小结节嵴。它能够协助手臂摆动和移动，并且与背阔肌相连接。

　　背阔肌、大圆肌和胸大肌均止于肱骨内侧区域，这也是一个很重要的部位；如当胸小肌紧张而导致肩部缩窄时，它们会被牵入至胸廓；当体前的胸肌和背部的背阔肌放松时，会减少胸廓对手臂的牵拉，并使得上臂可以进行更大范围的移动。同样，为了使上肢能更好地移动，不仅需要放松胸小肌，还需要放松其他止点位于上臂的肩胛带肌肉。

　　锁骨下肌（subclavius，意为"在锁骨下方"）起于第一肋骨，走行并止于锁骨下面（图51）。它的功能是协助降低肩部。

22
肩部与上臂肌肉

　　现在我们来讨论固定肩关节的肌肉（即已知的附着于肩关节上的肩袖肌群）和作用于肩关节的肌肉。如上一部分所述，肩臂部的主要功能并不只是进行推举，而是可以操控手臂和手进行各种工作。因此，肩关节有很大程度的自由度和活动度，但这也使得肩关节非常不稳定；不同于被强有力的韧带牢牢固定着的髋关节，肩关节只有较少的韧带和周围的肩袖肌群固定其位置。

　　肩袖肌群由四块肌肉组成（图52）。冈上肌（supraspinatus，意为"在肩胛冈上面"）起于肩胛冈上方并将这个区域填满，止于肱骨头顶端。

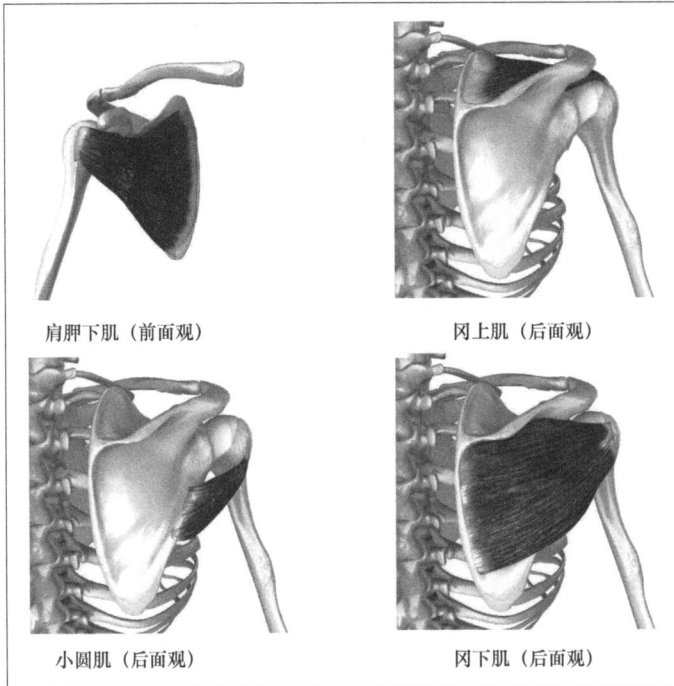

肩胛下肌（前面观）　　　　　　　　　冈上肌（后面观）

小圆肌（后面观）　　　　　　　　　　冈下肌（后面观）

图 52　肩袖肌群

冈下肌（infraspinatus，意为"位于肩胛冈下方"）起于肩胛冈下方大面积区域，止于肱骨头背面。

小圆肌（teres minor）起于肩胛骨外侧缘，止于肱骨头背面。

肩胛下肌（subscapularis，意为"在肩胛骨下方"）是一块大三角形肌肉，覆盖于肩胛骨的整个底面。其肌纤维向外走行，汇聚为肌腱后止于肱骨头前部。

覆盖于肩关节顶端、前面和背面的这些肌肉，连同经过肱骨头前面和后面的肱二头肌及三角肌（稍后将会讨论），将肱骨头固定在关节腔内，并帮助上臂在肩关节处自由活动。由于肩关节很大程度上是由肩袖肌群所固定的，所以与髋关节相比，更容易脱臼，这就是一些肩袖肌群尚未发育完全的幼儿，在晃动其手臂时常常会发生肩关节脱臼的原因以及发生运动损伤或者手臂摔伤时，肩袖肌群常常受损的原因。

肩袖肌群对于肩关节的自由活动来说十分重要。许多成年人会出现"冷冻肩"，也就是胸小肌挛缩，引起了肩前部缩窄，进而使肩袖肌群活动度下降而出现的一种极端情形。通过放松肩袖肌群可以恢复肩关节的活动度，随

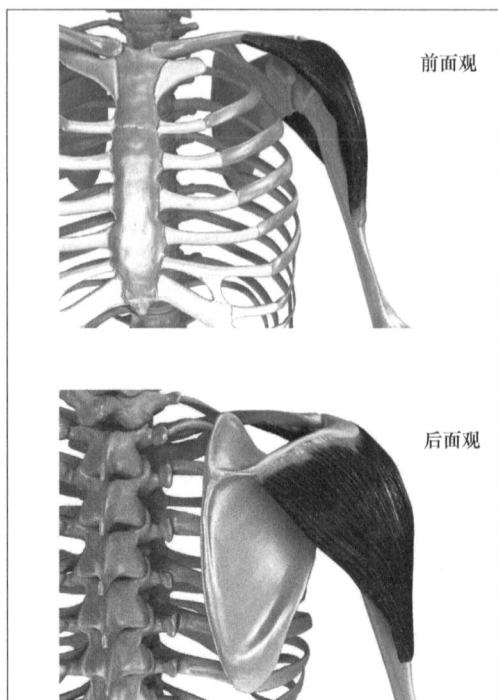

前面观

后面观

图 53　三角肌

着肩部的放松，肩胛带也恢复自由活动，进而使背部肩胛固定上臂的肌群松弛下来（在固定肩臂部时发挥了主要作用的肌群即为该部分肌群，而不是肩关节和紧张的胸部肌肉）。

　　现在我们来看看肩部和上臂的肌肉。三角肌（deltoid muscle），因其形状与希腊字母"Δ"相似而得名；它是一块位于肩部顶部的、构成肩部圆形轮廓的大块肌肉（图53）。三角肌分三个部分，第一部分起于锁骨外三分之一处，第二部分起于肩峰，第三部分则起于肩胛冈。各部分肌纤维汇聚延伸，止于肱骨干外侧缘约二分之一处。它的主要功能是使上肢抬高或外展。

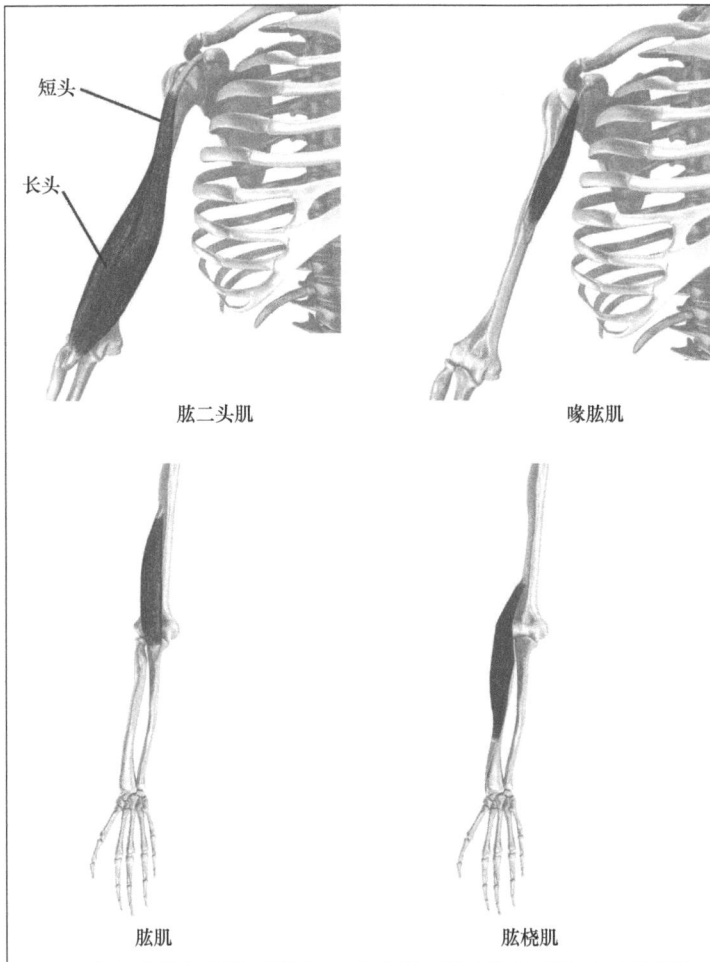

短头

长头

肱二头肌　　　　　　　　　　　　喙肱肌

肱肌　　　　　　　　　　　　肱桡肌

图 54　屈臂肌群

在上臂前面，喙肱肌（coracobrachialis）是一个起于喙突而止于肱骨干的小肌肉（图54）。它可以帮助抬高和向前牵拉肱骨。

在上臂有一些肌肉能帮助屈肘。肱二头肌（biceps brachii）是一块位于上臂前的主要肌肉，它有两个头或是说两个起点（biceps，意为"两个头"，而brachii的拉丁文意为"手臂"）（图54）。其短头起于喙突，长头起于肩胛骨盂上结节。这两个起点以肌腱开始（其中有一个越过肱骨头），之后移行为肌腹。它们在肘关节汇聚，直至其再次形成肌腱并止于前臂桡骨。在屈肘和前臂外旋时，可以很明显感觉到肱二头肌。

肱肌（brachialis）与肱桡肌（brachioradialis）也是肘部的屈肌（图54）。肱肌起于肱骨下半部，止于前臂尺骨处。肱桡肌起于肱骨下部，止于桡骨远端。

肱三头肌（triceps brachii）位于上臂背面，它有三个头，分别起于肩胛骨盂下结节、肱骨干后面以及肱骨下部大部分（图55）。这三个肌束汇聚为一个肌腱，止于鹰嘴或肘部尺骨头。它是主要的伸肘肌肉。

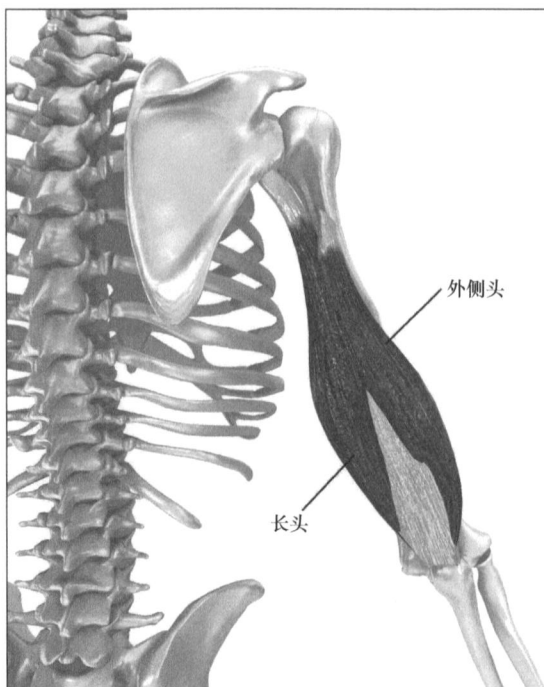

图 55　肱三头肌（后面观）

23
前臂肌群

现在来讨论前臂和手部，前臂由两块骨头组成，即尺骨（ulna）和桡骨（radius）。在解剖体位中（掌心朝前），尺骨参与构成了肘关节，位于前臂内侧，与小指在一条直线上。桡骨则位于前臂外侧（图56）。桡骨与尺骨由骨间膜（interosseous membrane）连接为一个整体。在桡骨末端由八块腕骨组成了腕部，之后是手部骨骼，即五块掌骨，接下来是指骨，拇指有两个指节，其余各指均有3个指节（图58）。

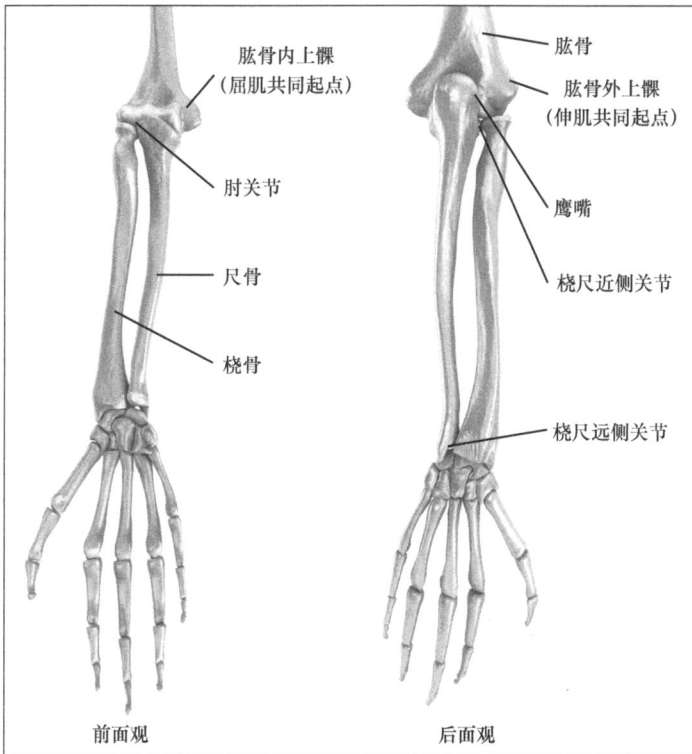

图 56　肘部与前臂的骨骼

　　前臂有两种运动形式。第一种是肘部的屈曲和伸展。肘关节是由肱骨、尺骨和桡骨在肘部形成的三个关节共同包裹在一个关节囊内组成的复关节（图56）。在肱骨末端形成一个凹槽，称为滑车（trochlea，希腊语，意为"滑轮"，这正好是滑车的外形）。尺骨头形似钳子包裹绕着滑车，构成了一个非常稳定的铰链关节，即肱尺关节，并且由韧带进一步加固。肱尺关节是肘部屈伸的主要关节。肱骨末端的肱骨小头与桡骨小头凹在肘部形成肱桡关节。肱桡关节可协助肱尺关节使肘部进行屈伸运动。

　　前臂的第二种运动形式是旋转，即旋前和旋后。在肘关节下方的尺骨上有一个凹槽，桡骨近侧端契合于这个凹槽，并由一个韧带所固定着，它能够在这个位置上旋转，最后形成了桡尺近侧关节（proximal radioulnar joint）（图56）。在肱骨外上髁下方，尤其是旋转前臂时，能明显感觉到这个部位。桡骨另一端，即桡骨远端，也能在尺骨上旋转，它形成了桡尺远侧关节（distal radioulnar joint）（图56）。当旋转前臂时，平行于尺骨的桡骨与尺骨交叉，使得手掌朝下；当它恢复时，手掌再次向上转动。桡骨（radius，意为"一个轮子的辅线或辐条"）因其在前臂的旋前和旋后运动中构成了运动半径而命名。

　　值得注意的是腕部和手部的骨骼并不与尺骨相连接，而是与桡骨连接。旋前和旋后的目的是能够将手置于抓握和操作的位置上，因此手部与桡骨相连接，而桡骨绕着尺骨旋转。所以说尺骨主要参与肘关节活动，连接于肱骨以形成一个能够使手部朝远离身体方向移动的杠杆。而桡骨主要参与腕关节活动，它与手部绕尺骨旋转而共同作用，使手部能够处于可抓握、操作物体的位置。

　　在肘部还有一些标志值得关注（图56）。首先是肘关节，它并不是由肱骨末端构成的，而是由尺骨构成的。鹰嘴（olecranon）是在挂肘休息时或者用肘部爬行时的负重点，与之相对应的是胫骨粗隆，即膝部髌韧带下方的骨性隆起，它是四肢爬行时的负重部位。

　　在肘部有另外两个重要标志：肱骨内上髁（medial epicondyle）是肘内侧的隆起；而肱骨外上髁（lateral epicondyle）则是与肘外侧相对应的隆起。它们是腕部与手部屈伸肌群的重要附着点，我们将在下一部分来讨论它们。

　　上一部分我们已经看过使前臂在肘关节处屈伸的主要肌群。肱三头肌是伸肘的主要肌肉。这里还有一些屈肌。肱二头肌起于喙突和肩胛骨盂上结节，止于前臂的桡骨。在前臂旋转和屈曲时，可以感觉到肱二头肌。肱肌则是起于肱骨下半段，止于肘关节下方的尺骨处。肱桡肌起于肱骨下部，形成一个较长肌腱后止于桡骨远端。

　　还有一些前臂的旋前肌和旋后肌（图57）。旋前圆肌（pronator teres）位于前臂上部，起于肱骨内端，经过桡骨前方，止于桡骨中段外侧。旋前方肌（pronator quadratus）是一块方形肌肉，位于腕部上方，止于桡骨，与尺骨连接。这些肌肉在肱桡肌协助下能够旋转桡骨使得手掌朝下。

　　旋后肌（supinator）有两个部分，一部分起于肱骨外上髁，环绕桡骨，止于桡骨头下方的桡骨干；另一部分起于肘下尺骨后，穿过桡骨后部，止于桡骨头下方。肱二头肌能够协助旋后肌，使桡骨从旋前位恢复至解剖体位。

　　作用于手部和手指的主要肌肉均位于前臂上，而不是在手上。可将其分为两类：伸肌，位于前臂背侧；屈肌，位于前臂内侧。它们于前臂形成肌束，汇聚成肌腱附于腕部，或者经过腕部，附于手部和手指的骨骼上。在手部还有掌内肌群能够使手指和拇指做很多精细运动。

　　屈肌肌腱通过腕部对于手部功能而言是十分重要的。正如之前所说的，

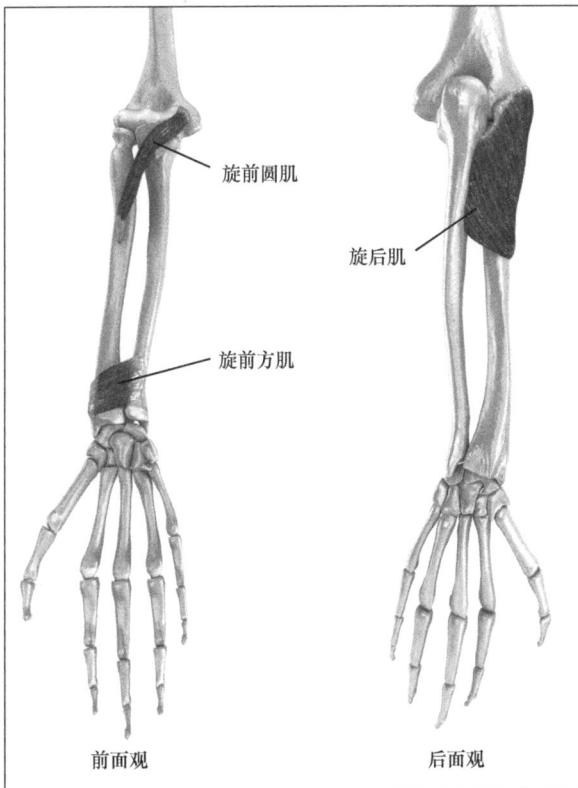

图57　前臂的旋前肌和旋后肌

八块腕骨在手部内侧形成一个弧状结构，这帮助形成了手掌的外形。腕骨两侧均由韧带固定，分别为背侧的伸肌支持带（extensor retinaculum）和前侧的屈肌支持带（flexor retinaculum），肌腱在其下延伸到手部（图61和图62）。屈肌肌腱必经过屈肌支持带下方，通过掌骨所形成的狭窄的拱弧，这个区域就叫作腕管（carpal tunnel）。"腕管综合征"就是由反复拉伤或者妊娠导致该区域水肿或压力升高。接下来将讨论腕部和手部以及作用于腕部和手部的前臂肌群。

24
手部与腕部肌肉

上一节讨论了前臂及其运动形式，其中旋前肌和旋后肌通过作用于桡骨而使得手掌朝前或朝后旋转。我们已经知道了作用于腕部和手部的重要肌群是位于前臂上的，作用于手指的肌肉和肌腱则是穿过腕管后进入手部的。现在来讨论腕部和手指所能做的运动以及相关的前臂肌肉。

腕关节由8块腕骨（carpal bones）构成，这些腕骨呈两行排列（图58）。第一行有手舟骨（scaphoid bone）、月骨（lunate bone）、三角骨（triquetral bone）和豌豆骨（pisiform bone）。第二行有大多角骨（trapezium bone）、小多角骨

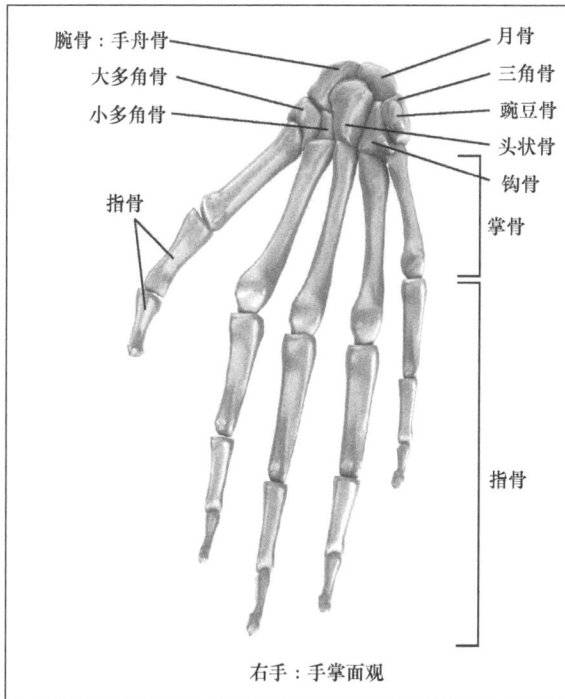

图 58　腕部与手部骨骼

（trapezoid bone）、头状骨（capitate bone）和钩骨（hamate bone）。我们通常认为腕部是前臂的一个较狭窄的区域，即我们戴腕表的位置。但我们要记住，腕骨构成了手掌根，因此它们也是手的一部分。当我们用四肢爬行或者手掌根负重时，实际上是由用腕骨来承重的。我们经常戴手表的狭窄区域就是前臂骨末端的桡骨与腕骨相接的部位。

一个有趣的发现是，两块腕骨能够协同完成拇指的部分运动功能。与其他手指不同的是，拇指起始于腕部，与拇指在一条线上的腕骨有手舟骨和大多角骨，它们与第一掌骨、两块指骨呈纵向排列。其中大多角骨在拇指活动时会轻微屈曲，因此，实际上应该是腕骨引起了拇指的活动。

正如我们在第23部分中所看到的，腕关节并不与尺骨直接相连，而是与桡骨连接。在桡骨远端存在一个与手舟骨和月骨相连接的平面，它们形成了桡腕关节（图59）。这两块腕骨形成了一种类似足球表面的凸面，并与桡骨末端的凹面相对应。在这个位点上，手舟骨和月骨有两种运动形式：首先可绕桡骨

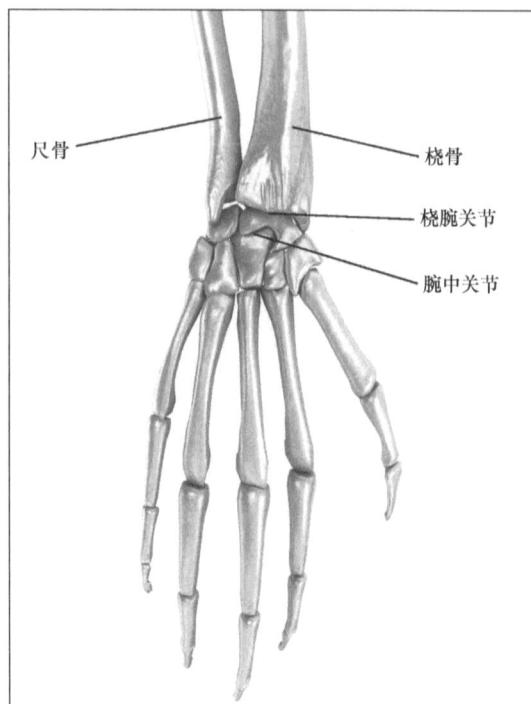

尺骨

桡骨

桡腕关节

腕中关节

图 59　腕关节

转动至一侧，引起手部外展和内收；此外，还能够通过向前或向后弯曲，引起腕部屈曲和伸展。第一行腕骨（近端腕骨）与第二行腕骨（远端腕骨）两者之间还存在另一个关节，称作腕中关节（mediocarpal joint）。该关节能够使得腕关节屈曲、外展和内收。需要记住发生在桡腕关节和腕中关节的两种运动形式：伸展和屈曲；外展和内收。

在前臂旋转的联合运动中，并不只是腕部运动，而是整个前臂运动。手在腕部的运动形式能够使其在任何位置抓握物体。

手部骨骼是由构成手掌的五块掌骨（metacarpals）和构成手指、拇指的指骨（phalanges）组成的，其中拇指有两块指骨，其他手指均有三块指骨（图58）。在腕部和手部都有一些关节参与手部的运动。手部能做各种动作，如手掌呈握空状（如用手抓或者捧着）和摊开手掌（如张开手指）。手指还能做一些非常复杂的运动。指间关节是手指的最后两个关节，是一种能够屈曲、伸展手指的铰链关节。手指的第一个关节，因其由掌骨和指骨组成而命名为掌指关节（metacarpophalangeal joint）。它除了能够屈曲、伸展之外，还能做侧向运动，即外展和内收。

拇指能够相对于其他手指做出捏和拿的动作，这让手部变得与众不同。构成拇指的这纵列骨骼中有至少四个关节以及九块肌肉来控制拇指运动。拇指能使手握住工具和武器并做出相对其他单个手指的复杂运动，进行像演奏复杂乐器那样的动态运动。一些解剖学学者表示，如果没有拇指，那么手部就会丧失很多其特有的功能。

如上所述，拇指是由五块骨构成的，即腕部的手舟骨、大多角骨、第一掌骨以及两块指骨，它们起于腕关节并形成纵列（图60）。手舟骨和大多角骨构成了这个纵列的基底部，拇指的手掌部分是由第一掌骨构成的。当拇指与其他手指相对时，需要掌骨和大多角骨联合运动，这个关节叫作拇指腕掌关节，它是一个活动度很高的鞍状关节，离腕部很近，是能使拇指进行对掌运动的重要关节。拇指的掌指关节与其他手指的掌指关节一样，可以屈曲和伸展，也可以向侧方运动。拇指的指间关节同其他手指相应的关节一样，都是简单的铰链关节。

腕部有很多肌肉能使手指和手屈曲。其中大多数肌肉均起于肱骨内上髁，因此附着在该处的肌腱又名为"屈肌总腱"，而有一些起于肱骨外上髁的伸肌肌腱又名为"伸肌总腱"（图56）。需要注意的是，手部运动的肌群主要位于前臂而不是在手部，这些肌肉中大多数的肌腱都是经过腕部后作用于手指的。而位于手内部的肌肉则是负责手和手指完成更为精细复杂的运动。

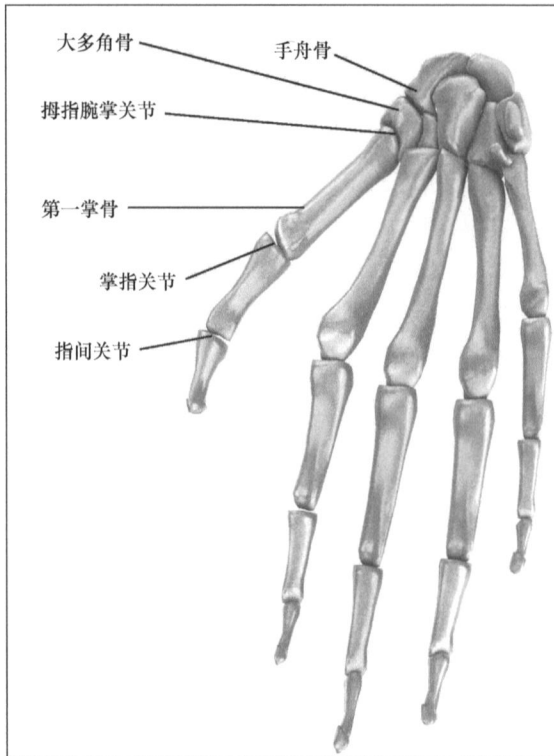

图 60　拇指关节

　　我们来进一步讨论使手部在腕部屈曲、伸展和侧向移动的肌肉（图 61）。桡侧腕屈肌（flexor carpi radialis）起于屈肌总腱，止于第二掌骨基底部。它的功能是使腕部屈曲和外展。

　　掌长肌（palmaris longus）也起于屈肌总腱，止于屈肌支持带和手掌。它有助于腕部屈曲。

　　尺侧腕屈肌（flexor carpi ulnaris）起于屈肌总腱，沿前臂尺侧向下走行，止于腕部尺侧；它能够使手部在腕部屈曲和内收。

　　桡侧腕长伸肌（extensor carpi radialis longus）起于肱骨外上髁，止于第二掌骨基底部。桡侧腕短伸肌（extensor carpi radialis brevis）起于同一位置，止于第三掌骨的基底部。它能够使腕部伸展和外展。

　　尺侧腕伸肌（extensor carpi ulnaris）起于肱骨外上髁和尺骨，止于第五掌骨的基底部。它能够使腕部伸展和内收。

　　接下来介绍位于前臂、作用于手指的肌肉。有两块能够屈曲手指的肌肉

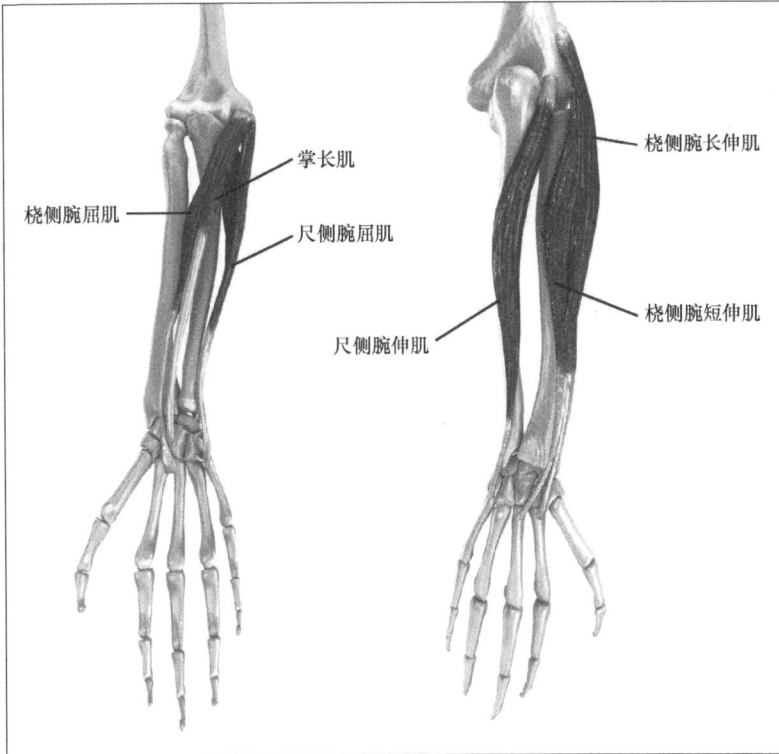

图61　伸腕与屈腕肌群

非常重要（图62）。指深屈肌（flexor digitorum profundus）起于尺骨干大部分和骨间膜，它分成四个肌腱通过腕管，止于其他四指的远节指骨。

指浅屈肌（flexor digitorum superficialis）起于肱骨、尺骨和桡骨，也分为四个肌腱通过腕管，止于其他四指的指骨。

这两块肌肉是强有力的手指屈肌。指浅屈肌能够使手指的近端两节指骨屈曲。指深屈肌能够屈曲所有指骨，包括远节指骨在内。

指伸肌（extensor digitorum）是一块能够伸展手指的肌肉（图63）。它起于伸肌总腱（即肱骨外上髁），分为四个肌腱，止于各指骨背面。

前臂有四块肌肉作用于拇指。拇长屈肌（flexor pollicis longus）起于桡骨干，止于拇指远端最后一个指骨的基底面（图62）。当用手抓持某物或搭在某处时，该肌肉能够屈曲拇指。

拇长展肌（abductor pollicis longus）起于尺骨和桡骨，止于拇指掌骨基底部（图63）。

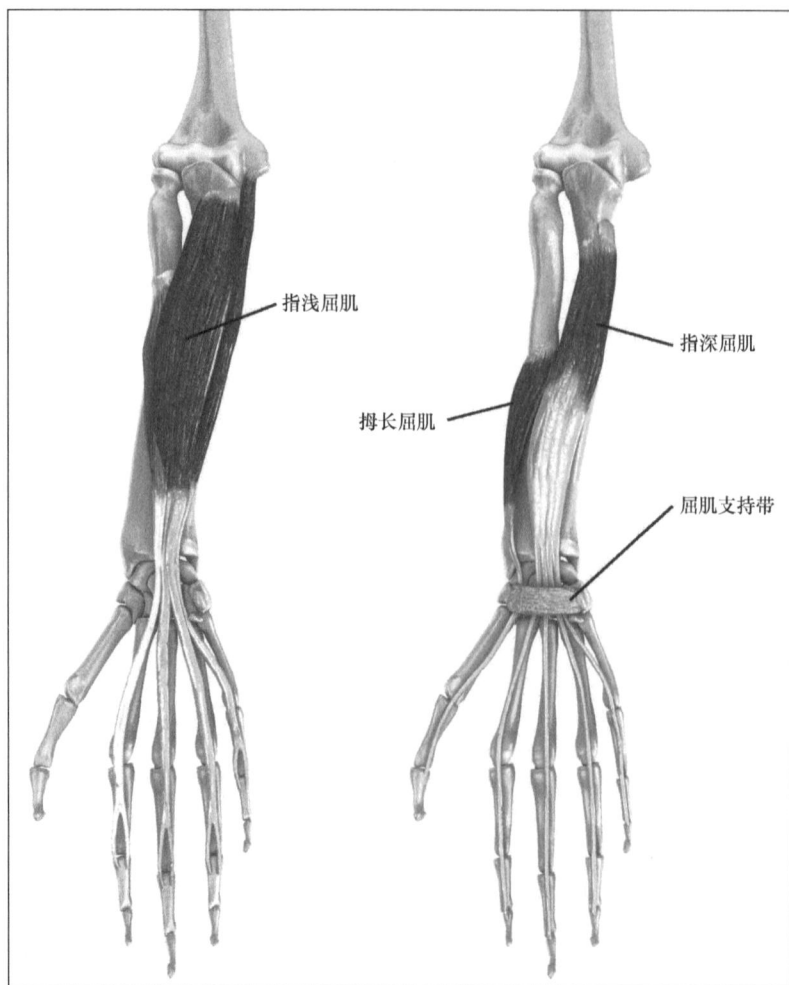

图 62　屈指肌群

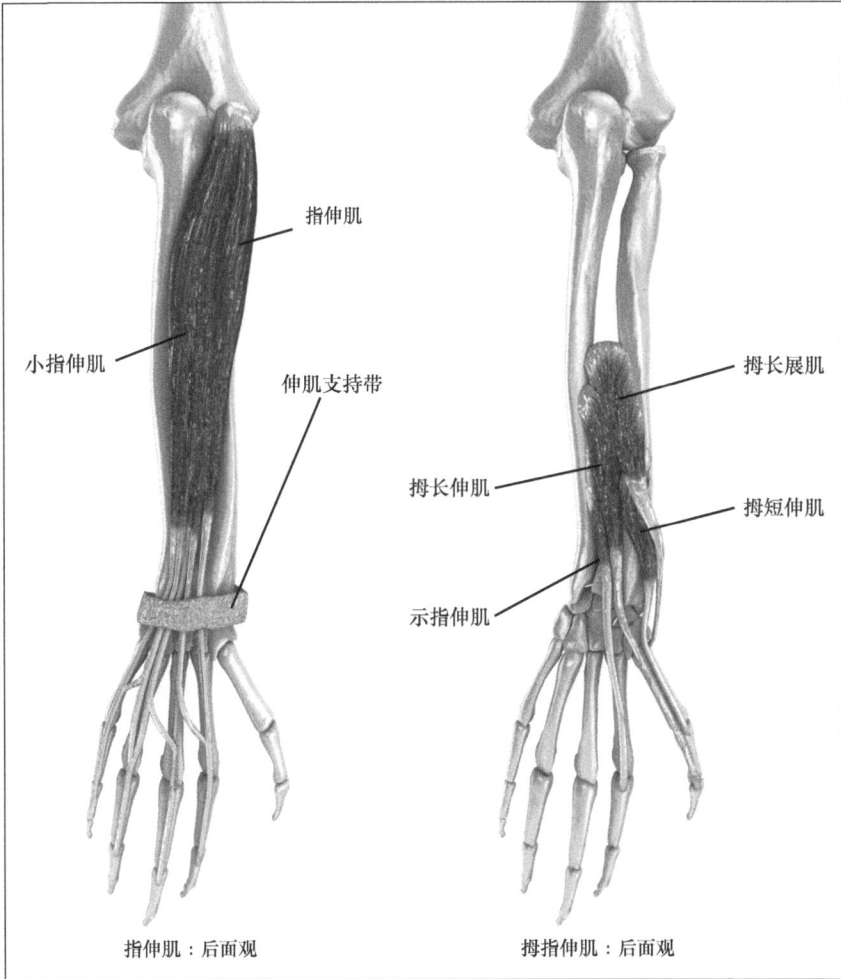

指伸肌

小指伸肌

伸肌支持带

拇长展肌

拇长伸肌

拇短伸肌

示指伸肌

指伸肌：后面观　　　　　　　　拇指伸肌：后面观

图 63　伸指肌群

拇短伸肌（extensor pollicis brevis）起于桡骨干和骨间膜，止于拇指的近节指骨底（图63）。

拇长伸肌（extensor pollicis longus）起于尺骨干和骨间膜，止于拇指远节指骨底。它能够伸展拇指，并使拇指向后弯向腕部。

此外，前臂还有两块肌肉，分别起到伸展食指和伸展小指的作用（图63）。示指伸肌起于尺骨干和骨间膜，肌腱汇入食指伸肌肌腱，能够让食指与其他手指分开做指示动作，还可以帮助伸展腕部。

小指伸肌起于伸肌总腱，其肌腱汇入指伸肌肌腱，作用于第五根手指。它能够像示指伸肌一样使小指伸展，并将小指与其他手指分开。

总的来说，腕部和手指的屈曲肌群位于前臂内侧，而伸展肌群位于前臂外侧。屈肌主要起于肱骨内上髁；当前臂旋前时，就能感觉到这个位置有肌肉附着（在肱骨外上髁也能感觉到有伸肌附着）。需要关注手指到肘部的肌肉，因为前臂的屈肌会在打字或书写过程中出现过度挛缩。

25
手部固有肌

上一部分讲述了能够在腕部移动手部、屈伸手指以及移动拇指的前臂肌肉。接下来介绍手部固有肌（位于手部的肌肉），它们负责更为精细的手指运动。

手部固有肌分为三个肌群，分别为作用于拇指的肌肉、作用于小指的肌肉和位于手掌的肌肉。拇指固有肌形成的隆起，称之为大鱼际；位于手部尺侧的小指固有肌形成的隆起，称之为小鱼际；手掌肌肉并没有明显隆起，所以并不容易看到。

拇指的固有肌有4块，它们共同构成了拇指的隆起（图64）。拇收肌（adductor pollicis）起于腕部和第三掌骨，止于拇指近节指骨；功能是内收拇指。

拇短屈肌（flexor pollicis brevis）起于大多角骨和屈肌支持带，止于拇指近节指骨，其功能是在掌指关节处屈曲拇指。

拇对掌肌（opponens pollicis）起于大多角骨和屈肌支持带，止于第一掌骨，其功能是移动拇指使其与其他手指拮抗。

拇短展肌（abductor pollicis brevis）起于屈肌支持带和腕骨，止于拇指近节指骨，其功能是外展拇指。

拇指的每一块固有肌如何作用均能通过试验发现，例如可以通过拇指与其他手指对抗，与同侧食指互压，以及旋转手掌等试验。拇指的运动方式是十分重要的，它不仅赋予我们抓握物体和使用工具的能力，还能帮助我们完成各种各样复杂精细的动作。

小指有三块固有肌肉（图65）。它们从腕部开始作用于小指，并构成手部尺侧的肌肉隆起。小指展肌（abductor digiti minimi）起于腕部豌豆骨，止于小指近节指骨底。小指短屈肌（flexor digiti minimi brevis）起于钩骨和屈肌支持带，位于小指展肌内侧，止于小指近节指骨。小指对掌肌（opponens digiti minimi）起于钩骨和屈肌支持带，止于第五掌骨。从它们的名字可以知道其功能，通过实验也能很容易发现它们的位置。

在手掌中部，骨间肌（interossei，因其位于掌骨之间而得名）起于掌骨，

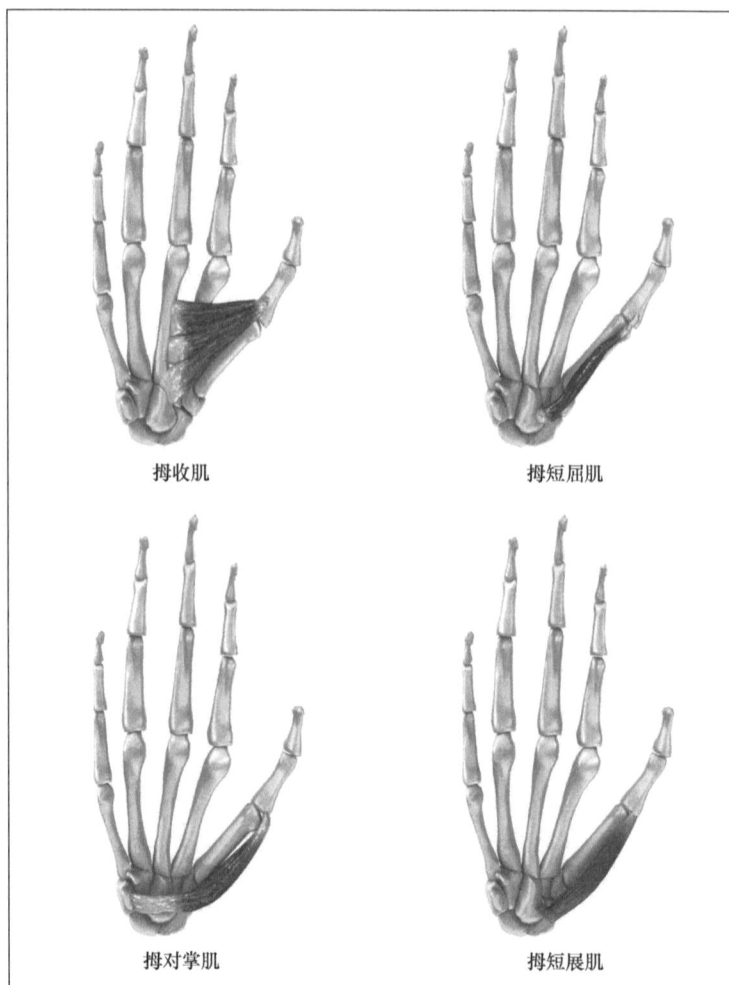

拇收肌

拇短屈肌

拇对掌肌

拇短展肌

图 64   拇指固有肌

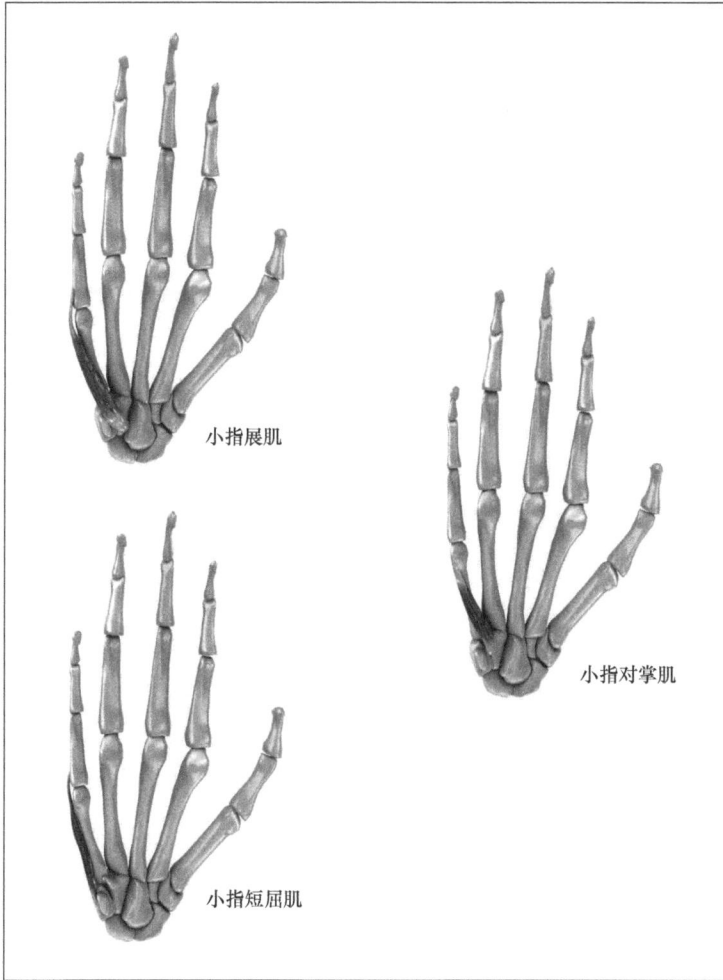

小指展肌

小指对掌肌

小指短屈肌

图 65　小指固有肌

止于指骨（图66），有四块背侧骨间肌和三块掌侧骨间肌。背侧骨间肌可以使手指外展，或使手指张开；掌侧骨间肌能使手指内收，或收拢手指。

蚓状肌（lumbrical muscles，拉丁语，意为"蚯蚓"），起于前臂深层屈肌（即指深屈肌）肌腱，止于指伸肌肌腱（图66）。蚓状肌与骨间肌共同作用，能够屈曲第一指骨，伸展第二、三指骨，即屈曲掌指关节，伸直指间关节。例如用拇指和其他手指拿刷子或者抓着扁状物体。这些肌肉能够与肱二头肌和前臂较大的屈肌共同作用，使手指能在小范围内精准地抓握物体，这就解释了为什么在进行手臂和手的协调性练习时，需要保持手指伸直。

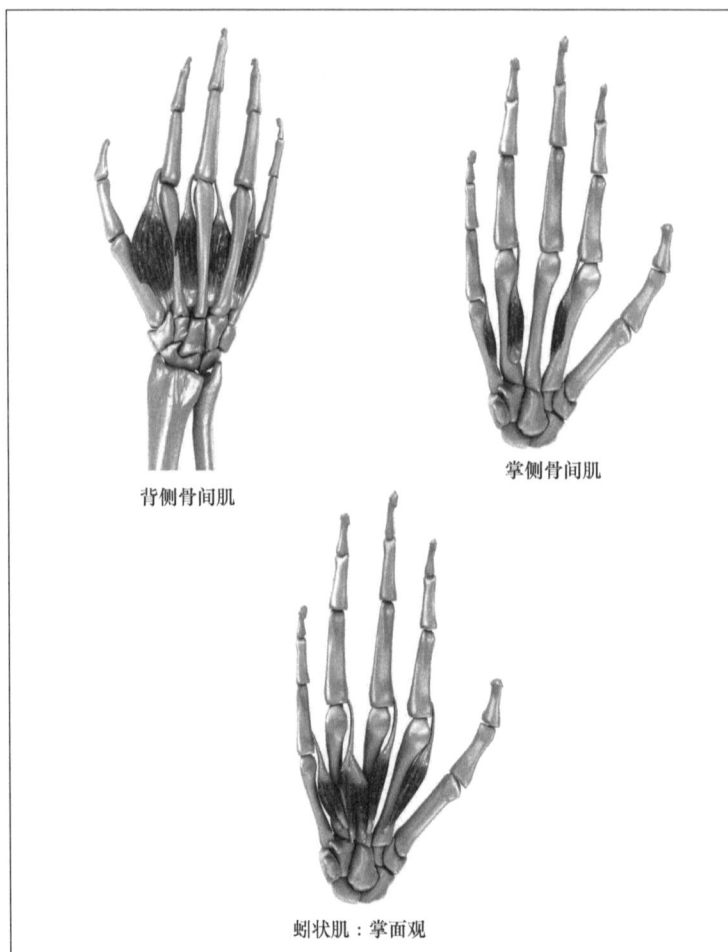

背侧骨间肌

掌侧骨间肌

蚓状肌：掌面观

图 66　骨间肌与蚓状肌

骨盆与下肢

26
骨盆带

与肩胛带支持上肢自由移动相对应，骨盆带（pelvic girdle）的主要功能则是为下肢的固定和移动提供相应的结构。正如我们之前所看到的，上肢和下肢具有相似的结构。肩胛带为上肢提供了一个移动性支架，但仅便于上肢移动而无固定上肢的作用，而骨盆带为双腿提供了一个坚固和稳定的支撑。与肩部不同的是，骨盆（pelvis，拉丁语，意为"水盆"）在骶骨处与脊柱牢固地附着在一起。骨盆的两个"翼"在前方连接以提供最大的力量。这也使得骨盆像一个水盆一样可以容纳内脏器官。

骨盆具有两个重要的功能。第一个功能是能够将身体重量通过双腿传导至地面，并且能减轻来自腿部的震动。第二个功能是为附着在骨盆上的腿部肌肉提供一个固定结构，并帮助固定和移动腿部。由于骨盆具有负重功能，因此它比肩胛带更为稳固和坚韧，以吸收大量震动，并且具有比上肢更强的力量。肩胛带未直接连于中轴骨骼，因此具有更大的活动性，而骨盆是直接连接于脊柱的。这使骨盆丧失了一定的活动度，但也使得它更为牢固稳定。

骨盆是一个拱形结构，它能将脊柱处的重量传导至髋关节和腿部。骨盆下部是两块极硬的骨头，名为"坐骨"。在身体处于坐姿时，骨盆的拱形结构将身体重量传至坐骨而不是髋关节。

骨盆中的两个翼状骨名为髋骨（innominate bones），又称为无名骨（innominatum，意为"无名的骨"）（图67）。大多数解剖结构都是根据它们的外形而得名的，髋骨外形不像任何物体，故被称为"无名骨"。

实际上，髋骨由三块骨骼组成：髂骨（ilium，意为"侧翼"）、坐骨（ischium，希腊语，意为"臀部"）以及耻骨（pubic）（图67）。髂骨是一块

113

翼状骨，它参与构成髋关节。坐骨位于骨盆的底面，构成坐骨结节（ischial tuberosities）（实际上，你坐的部分就是坐骨结节）（图68）。耻骨则构成了骨盆的部分前壁，并将骨盆的两块翼状髂骨在前方连接，共同构成了一个环状结构。骨盆的这三块骨骼，即髂骨、坐骨和耻骨，连接牢固，且作为一个整体来执行各种功能。这三块骨头作为一个整体牢固地连接在脊柱上，其中髂骨连接骶骨，形成骶髂关节（sacroiliac joint）（图69）。

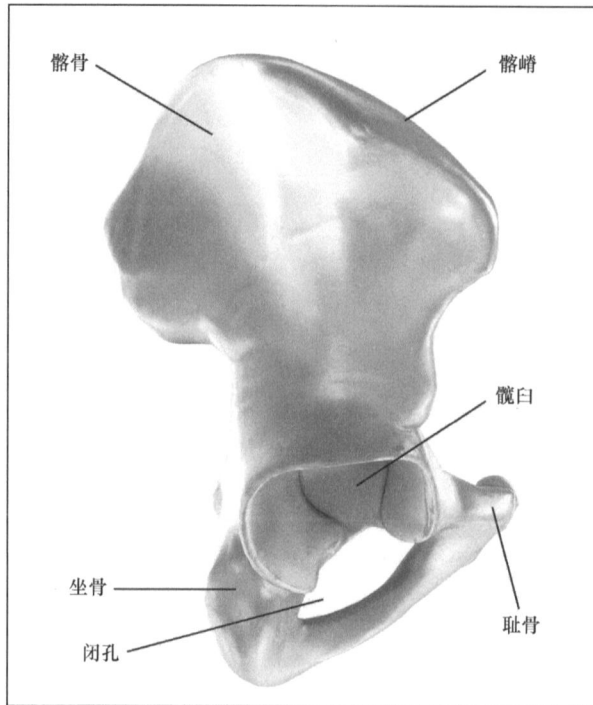

图 67　骨盆，右侧髋骨

　　由于骨盆连接着骶骨，因此骨盆不能像肩胛骨那样独立于骨架移动；骨盆只能与脊柱共同移动，所以骨盆与骶骨作为一个整体执行功能，其中骶骨组成了骨盆的后壁。在骨盆下方的脊柱功能极少，这也是尾巴退化，骶骨和尾骨的椎骨融合的原因。

　　与肩部肩胛骨相对应，骨盆的翼侧在后面由十分强韧的韧带连至骶骨，之后我们将对其进行讨论。两侧耻骨在骨盆前侧形成的关节叫耻骨联合（图68），关节间有一个类似于椎间盘的盘状物体，主要起缓冲作用。在直立体位中，身体重量通过脊柱向下传至骶骨，然后通过骶髂关节，传至骨盆两翼，以骨盆为纽带将重量传至髋关节，并且继续向下传至腿部。与肩胛骨不同的是，骨盆两侧的髋骨在前方与耻骨相连，在后方与骶骨相连，形成了一个固体环，这个结构可以进一步稳定骨盆并吸收外界的冲击。另外，因为直接连接于脊柱，所以骨盆既能够减轻来自腿部的冲击，又能直接通过躯干将重量传至腿部。骶髂关节和耻骨联合均由韧带牢牢地固定着，因此仅能进行极微小的移动或不能进行移动。但在妊娠和分娩期间，韧带会变得松弛，允许其进行少量运动。

骨盆上有一些重要的标志点需要记住（图68）。首先就是髋骨，它在腰部形成了一个骨性边缘，名为"髂嵴"（iliac crest）。其在身体前方的边缘叫作髂前上棘（anterior superior iliac spine）；其在身体后方的边缘为髂后上棘（posterior superior iliac spine）。骶骨位于中间，它是在臀部上方和腰背部下方形成的骨性结构。当我们处于半卧位或者构成性放松体位时，躯干下部的重量就集中在髂后上棘（和骶骨），而躯干上部的重量往往集中在脊柱肩胛段。

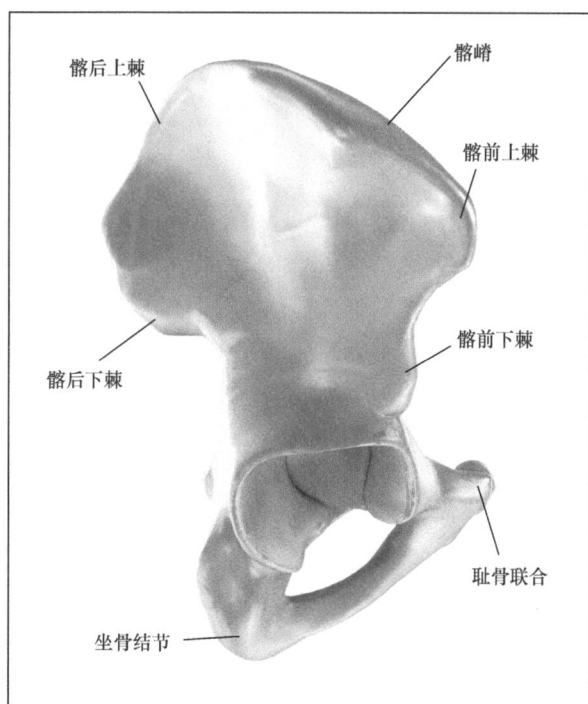

图 68　骨盆标志点

髋关节是另外一个重要部位（图69）。如果让大多数人指出他们的髋关节，他们往往会指向髋骨或髂嵴，它们都是骨盆的组成部分，但不是髋关节。事实上，髋关节位于髂嵴下方几英寸处，大约一横掌的位置。就像我们所找的头颈关节位置总是过低一样，我们所找到的髋关节位置过高了。换句话说，我们所认为的躯干长度远短于它的实际长度，即我们常常将它想短了！

然后，知道坐骨结节的位置也是很重要的。在坐着时，有些人腰部过于坍塌，没有将力作用于坐骨结节，而是作用于尾骨，甚至是骶骨上。相反地，如果你处于良好的坐位平衡状态，那么你就能感觉到你的身体重量落在了骨盆底面的两个骨性点上，即坐骨结节（图68）。它们是两个位于骨盆底面，由坐骨构成的坚硬突起。在坐姿时，我们在两侧坐骨结节上平衡重量，就像站立时我们用脚来平衡重量一样。

最后，耻骨构成了肌肉和韧带附着的重要位点。

耻骨联合是耻骨在前方汇合的部位，它是位于外阴部上方的骨性区域。很多人都以为腹部止于肚脐下，但其实腹部区域一直向下延至骨盆耻骨联合处。

髋骨是与肩胛骨相对应的骨盆翼状骨，它为髋关节提供了一个坚固的凹槽。这个凹槽叫作髋臼（acetabulum，在古罗马时代指的是放在桌上用来装醋的小杯子）（图67）。股骨头外形似圆球，它紧密地嵌于髋臼中，形成一个强有力的关节。因为它是一种球窝关节，所以能够向多个方向活动。附着于关节盂周围的环形纤维软骨为"髋臼唇"，它能够保持股骨头位于髋臼中，并且加深了髋臼的深度。髋臼和大多数滑囊关节一样，与软骨相连。

股骨是腿部的长骨（也是全身最长的骨）（图69）。它能够在髋关节处自由地向各个方向活动。但由于骨盆的稳固性、髋臼的深度以及骨盆与脊柱的骨性连接，使得腿部不能像手臂那样活动；手臂位于一个更浅的关节中，并且由可自由活动的肩胛骨来协助其进行较大范围的活动。然而，如果你仔细观察股骨，能看出它同肱骨一样不是笔直的，在髋关节附近可以看到一个近似直角的弯曲。这个弯角增大了股骨在髋关节处的活动范围，并通过将重量从髋关节传递至外侧，增宽了腿部的支撑基底面。股骨最长的部分叫作"股骨干"；邻近髋关节处较短的部分称为"股骨颈"。在股骨弯曲处的外侧有一较大的突起，为腿部和臀部肌肉提供了一个附着点，称作大转子（greater trochanter，希腊语意为"去滚动"）。在股骨颈内侧的突起则称为小转子（lesser trochanter）。有趣的是，人们注意到，老年人发生的髋关节损伤常常是股骨颈骨折。

骨盆和髋关节都是由很多韧带紧紧固定着的。首先来看看骨盆和脊柱。

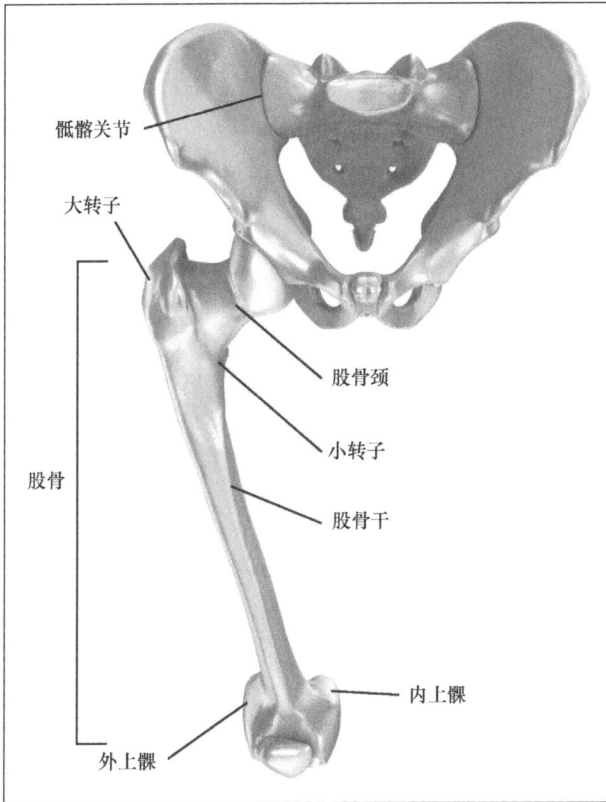

图 69 髋关节与股骨

我们先前了解过，身体重量可通过骶髂关节转至骨盆。这是一个重要的区域，因为腰部脊柱是向前凹的，使得骶骨为前倾位，故腰骶关节承受了很大的压力（图26）。髂腰韧带连接第四、第五腰椎的横突与髂嵴。

骶髂关节也是由一些韧带加固的（图70）。骶髂骨间韧带（interosseous sacroiliac ligament）连接着骶髂关节面。骶髂前韧带（anterior sacroiliac ligament）将骶骨前面连接至髂骨。骶髂后韧带（posterior sacroiliac ligament）位于骶骨与髂后棘突之间，连接骶骨后面至髂骨后棘。这些韧带不仅加固了骶髂关节，而且有利于与脊柱相连的骨盆的稳定性。

骶棘韧带（sacrospinous ligament）位于骨盆下部，将骶骨与坐骨棘相连，而骶结节韧带（sacrotuberous ligament）连接骶骨内侧至坐骨结节，加固骨盆。

髋关节的关节囊有很多韧带，加固并包绕着从股骨颈至骨盆间关节（图71）。关节囊韧带与其他相似的韧带一样，其内层膜能够分泌具有润滑作用的滑

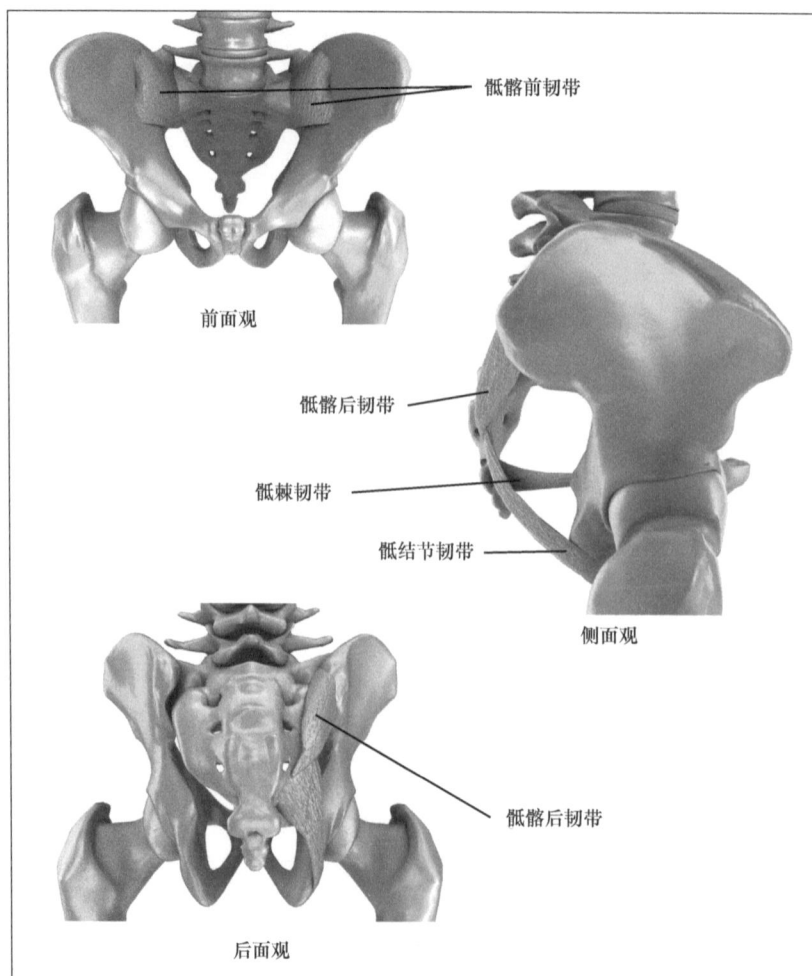

骶髂前韧带

前面观

骶髂后韧带

骶棘韧带

骶结节韧带

侧面观

骶髂后韧带

后面观

图70　骨盆的韧带

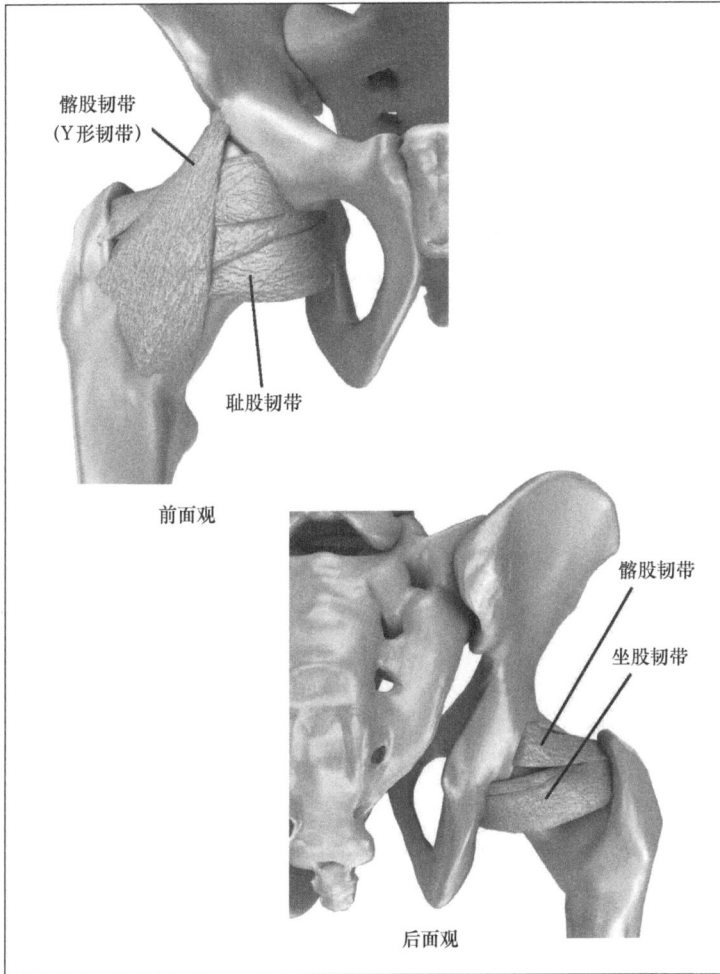

图 71 髋关节韧带

液。髂股韧带（iliofemoral ligament）位于髋关节前面，起于髂前下棘，止于大、小转子之间的连续部位（又称为转子间线），这个韧带有时因其形状而被称之为Y形韧带。它加固了髋关节前方。耻股韧带（pubofemoral ligament）起于髂耻隆起（iliopubic eminence），止于股骨。坐股韧带（ischiofemoral ligament）位于髋关节背侧，起于坐骨，经过髋关节背面，止于大转子内侧面。在下一部分，我们将讨论骨盆与髋部的肌肉。

27
骨盆与髋部的肌肉

骨盆在维持身体姿态和运动中都起着重要作用。骨盆作为腿部的主要支持结构，必须要承受各种运动（如行走、奔跑和弯腰等）给腿部带来的巨大压力。因此，在各种运动过程中，骨盆和髋关节都必须保持相对稳定。这需要依赖无弹性的韧带和肌肉自身的延展性。

在讲解背部与躯干的部分中，我们讨论过位于脊柱前方，起固定骨盆作用的有三块肌肉（图72）。腰大肌（psoas major）起于腰椎和第十二胸椎，向下穿过骨盆前方时变窄，止于股骨小转子。它的功能与胸大肌相对应，因为它同胸大肌一样止于肢体的长骨骨干。

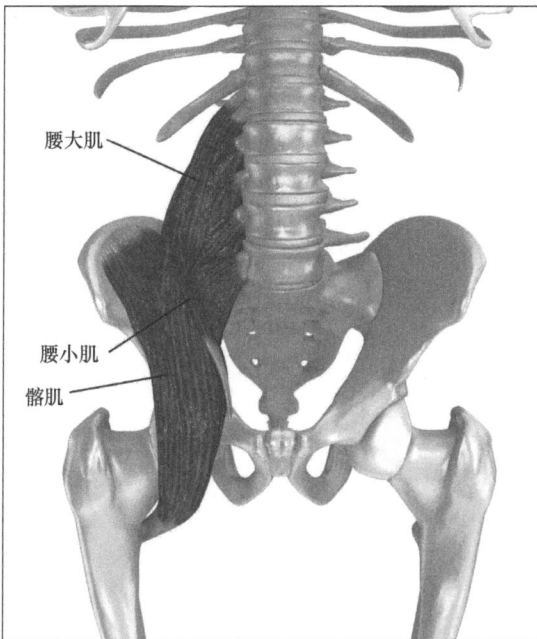

腰大肌

腰小肌

髂肌

图 72　髂腰肌

腰小肌（psoas minor）比腰大肌更窄且走行于其上方，它起于下位胸椎和上位腰椎侧方，汇聚为一似皮带的肌腱，止于髂骨筋膜。

髂肌（iliacus）起于髂骨侧翼的内面（即髂窝），向下穿过骨盆与腰肌肌腱联合，止于股骨小转子。因腰肌与髂肌联系紧密，故常被合称为髂腰肌（iliopsoas）。

髂腰肌的功能是维持脊柱与骨盆的稳定。髂腰肌收缩能够使骨盆向前旋转，增加了腰椎的曲度。髂腰肌可与背部伸肌协调作用，维持脊柱处于中立位，同时能够稳固骨盆，并使腰椎伸展。

位于脊柱下段前方的肌肉大致与胸肌的功能相对应。胸肌的收缩可使肩部变窄，同样，髂腰肌和髋部屈肌收缩能使髋关节前方区域变紧，舒张可以保持髋关节的活动度以及脊柱的延展性。

封闭骨盆基底部的肌群由三块肌肉组成，它们共同形成了一个能够将泌尿生殖区与骨盆上方组织分隔开的屏障（图73）。肛提肌（levator ani muscle）起于耻骨，穿过骨盆底面，止于坐骨。它为肛门提供了一个裂孔，并且参与排便运动。梨状肌（piriformis）和尾骨肌（coccygeus）移行于骨盆背面。其中肛提肌和尾骨肌完全位于骨盆内，并构成了盆膈。虽然这些肌肉不参与四肢的固定与运动，但仍然很重要，因为它们在其所在区域具有收缩作用，并作为一个整体限制着髋关节和骨盆区域的活动自由度。

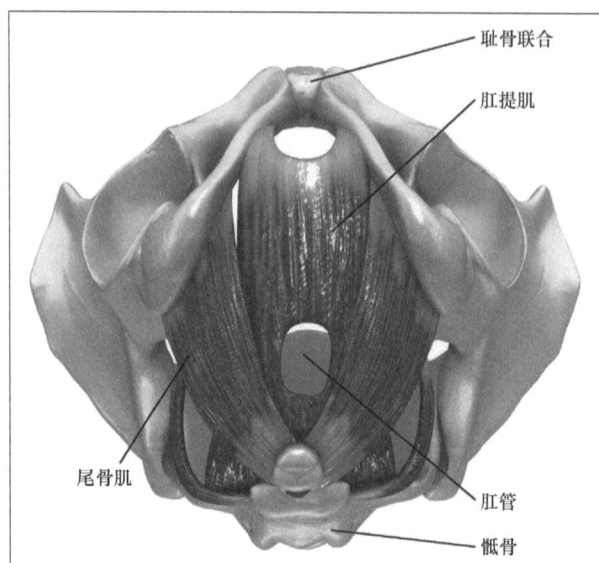

图 73　盆膈

　　在髋关节处有六块深层肌肉，均起于骨盆，止于髋部大转子（图74）。它们的功能与肩袖肌群相对应，主要为固定支持髋关节。

　　梨状肌（piriformis，意为"具有梨的形状"）于骨盆内起于骶骨前面，止于股骨大转子顶端。

　　股方肌（quadratus femoris，quadratus意为"方形"）是一块短四边形肌肉，它起于坐骨结节侧面，止于股骨转子间嵴。

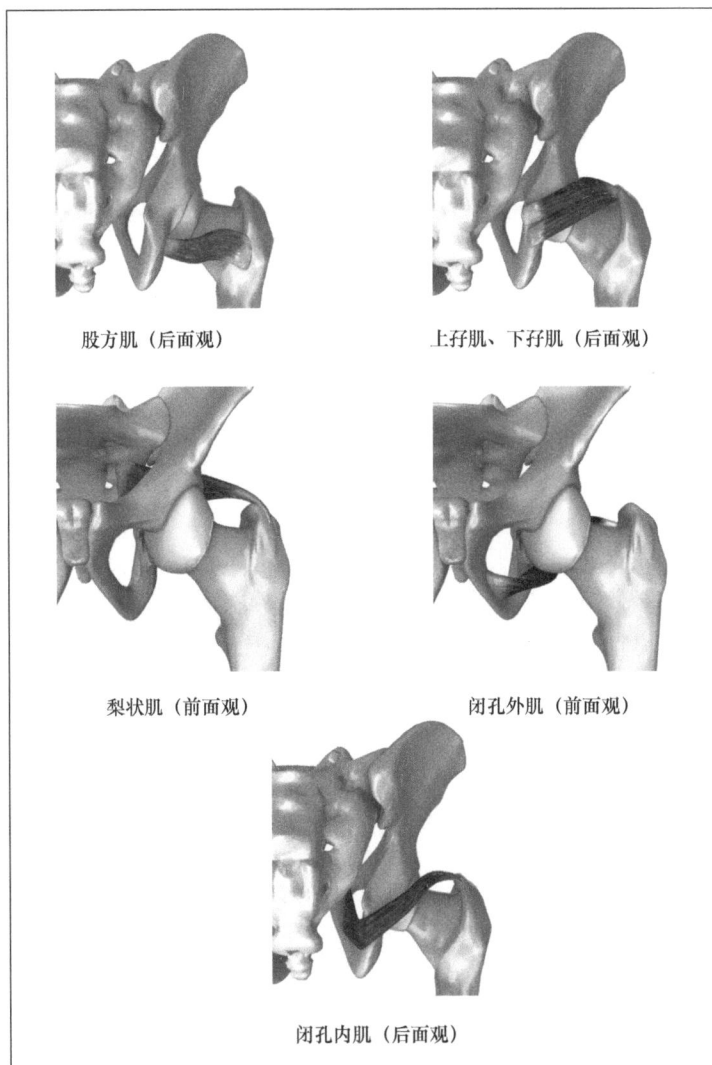

股方肌（后面观）　　　　　　　　上孖肌、下孖肌（后面观）

梨状肌（前面观）　　　　　　　　闭孔外肌（前面观）

闭孔内肌（后面观）

图74　髋部深层肌肉

闭孔内肌（obturator internus）起于骨盆闭孔膜内面和其毗邻的骨骼。它经过坐骨切迹，环绕坐骨，止于大转子。

闭孔外肌（obturator externus）起于闭孔膜外面以及其下缘骨面，穿过髋关节背面，止于大转子根部的股骨颈。

孖肌（gemellus，gemini 意为"双胞胎"），它是一对固定闭孔内肌的小肌肉。上孖肌起于坐骨棘，水平走行汇入闭孔内肌肌腱。下孖肌起于坐骨结节上部，向外走行汇入闭孔内肌肌腱。

闭孔肌（obturator，拉丁语，意为"封闭"），因其覆盖闭孔而得名。闭孔肌与孖肌共同形成一个"悬吊结构"，固定支持髋关节。

这些肌肉和梨状肌协同作用使骨盆前倾，与髂腰肌相拮抗。这些肌肉共同为髋关节和脊柱建立了一个平衡体系。

臀肌（gluteal 或 buttocks muscles，"gloutos"为希腊语，意为"臀部"）是臀部最浅表的肌肉（图75）。臀肌同髋关节的6块肌肉一样，也位于髋关节后方，属于伸髋肌群的一部分。

臀中肌（gluteus medius）是一块扇形肌，位于髂嵴下方，起于髂骨外面，止于大转子。

臀小肌（gluteus minimus）的形状和臀中肌一样，也是扇形的，但体积更小；起于在臀中肌下方的髂骨，汇聚于大转子前面。

臀大肌（gluteus maximus），与肩部三角肌相对应，它是三块臀肌中体积最大的，也是全身最大的肌肉，形成了臀部隆起的外形。它位于骨盆背面，起于髂骨、骶骨以及尾骨边，肌束向下斜行，与阔筋膜张肌共同止于大腿外侧的髂胫束和股骨干上段。

这三块臀肌皆属于伸髋肌群。臀小肌、臀中肌能够使腿部外展和内旋，并且能够在行走过程中固定同侧骨盆。臀大肌是臀部最重要的伸肌。它的主要功能是维持躯干直立。

髋周肌群对于坐骨神经痛也具有十分重要的影响。坐骨神经是位于腿部的一根粗大神经，它行经闭孔后从梨状肌与股方肌之间穿过，这会使神经受到挤压。坐骨神经痛一般由腰椎椎间盘病变引起，但是在很多治疗案例中，可以通过缓解臀部肌肉痉挛来减轻其症状，这就意味着坐骨神经痛的真正病因可能是肌肉张力较大而不是椎间盘的问题。还需要记住的是，坐骨神经痛可由多种病因诱发，我们将所有位于臀部和腿部的疼痛统称为"坐骨神经痛"，即便这些疼痛与坐骨神经无关。

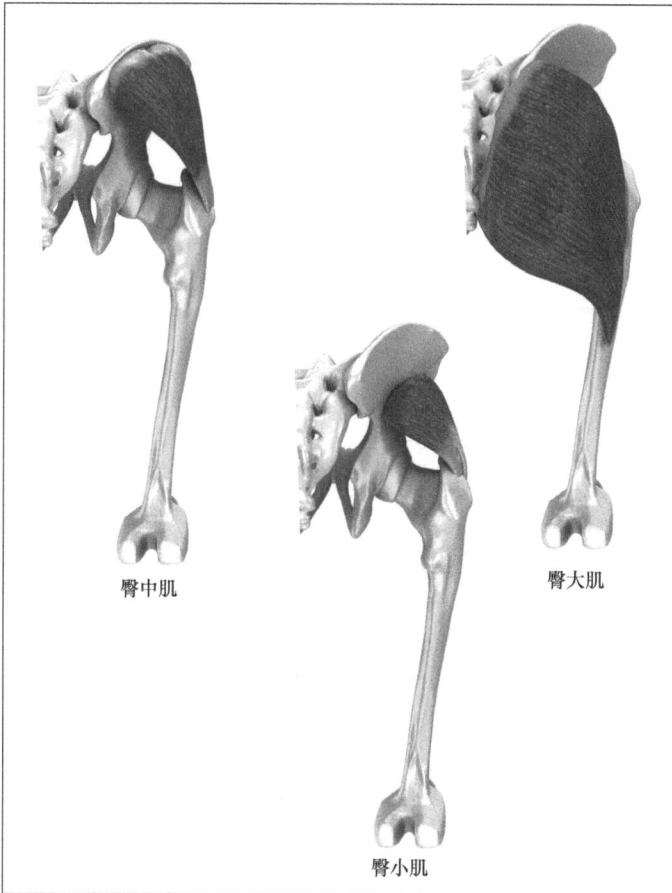

臀中肌

臀大肌

臀小肌

图 75　臀肌

28
大腿肌肉

在上一部分，我们研究了髋部周围的肌肉，其功能与肩袖肌群和胸肌相对应，主要起固定支持作用。髋部周围肌群大多短小粗壮，其功能主要是稳固骨盆，保持身体姿态并在行走和其他活动过程中对抗作用于骨盆的持续压力。与之相反的是，大腿的肌肉都较长，不仅具有支撑功能，而且还能做出灵活且较大幅度的行走和奔跑等运动。有趣的是，作用于髋关节和大腿的肌肉远多于作用于肩部和手臂的肌肉。

大腿部有三个主要肌群：位于腿后方的屈曲肌群，或称为股后肌群，又或称为腘绳肌（hamstrings）；位于大腿内侧的内收肌群（adductors）；位于腿部前方的伸展肌群，或称为股四头肌（quadriceps）。

我们首先讨论内收肌群。观察股骨外形时会发现，股骨并非从髋关节处直接向下走行，而是先与髋关节形成一个锐角。接下来股骨仍不是垂直下行，而是向内倾斜，并在大腿内侧形成了一个三角形区域。大腿内侧的内收肌群正好位于这个区域（图76）。

耻骨肌（pectineus）是一块位于股骨小转子下方的方形扁肌，起于一侧耻骨，止于小转子下方的耻骨肌线（耻骨肌线是股骨纵行骨嵴，是很多肌肉的附着点）。短收肌（adductor brevis）是一块位于股薄肌后方的类三角形肌，起于耻骨上支外侧，止于股骨粗线上部。

长收肌（adductor longus）也是一块三角形肌肉，起于耻骨，向外分散，止于股骨粗线中部。

大收肌（adductor magnus）是腿部内收肌群中最大的内收肌。它起于坐骨结节、耻骨下支和坐骨支，向外分散，附着于近乎整个股骨干，从小转子开始向下向内走行，止于股骨粗线内侧及股骨内上髁。

股薄肌（gracilis，意为"薄的"），起于耻骨下支，沿大腿内侧下行，止于胫骨粗隆上方的胫骨干内侧（图77）。认为股薄肌是内收肌，是因为它位于大腿内侧，但是它跨过两个关节，其功能主要与腿部较大幅度运动相关。通常只将耻骨肌与其他三块共同作用于股骨干内侧的肌肉认为是真正的内收肌。

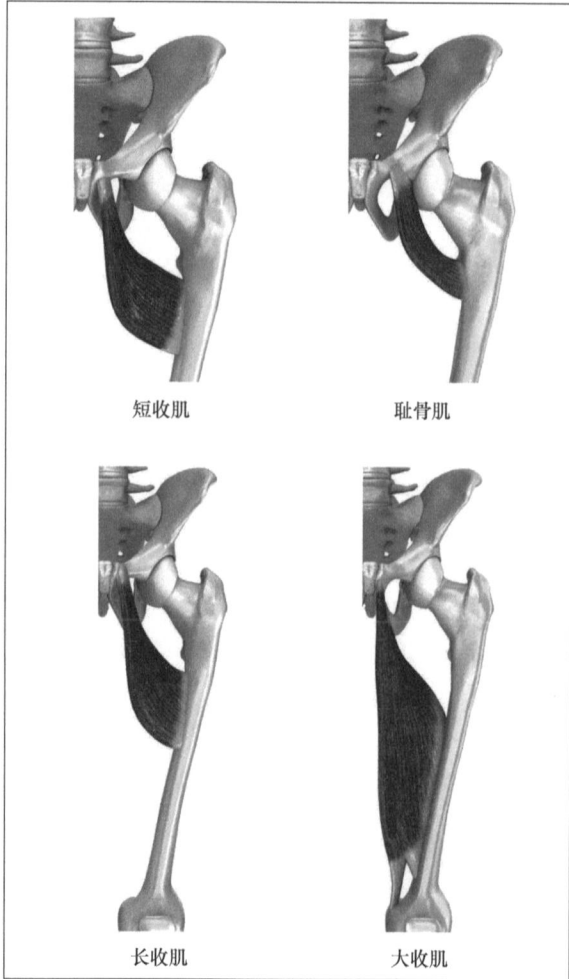

短收肌

耻骨肌

长收肌

大收肌

图 76　内收肌群

　　行走过程中，内收肌群能够帮助稳定负重侧腿部。虽然看起来内收肌群最主要的功能是内收腿部，但它们在稳固骨盆和屈伸腿部方面也起着重要作用。内收肌群收缩时会导致身高缩短。内收肌群放松时能使膝部前伸并改变脊柱长度。内收（adduction）意为"将目标物向中线靠拢"，其词汇原形为拉丁语"ad+ducere"，意为"向前牵拉"。

　　第二组肌群是位于大腿前方的伸展肌群。缝匠肌（sartorius，意为"裁缝"）是全身最长的肌肉，呈扁带状（图77）。它起于髂前上棘，向下斜行经过大腿前部，止于胫骨上段内侧面。它因能够旋转腿部，做出裁缝师傅的盘腿坐姿而得名。

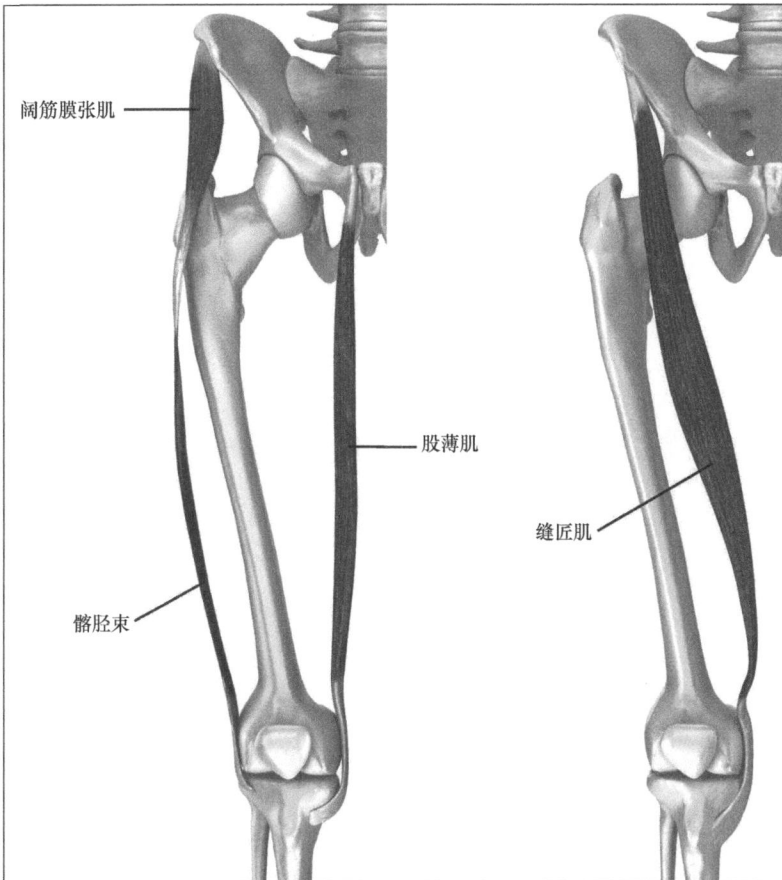

阔筋膜张肌

股薄肌

缝匠肌

髂胫束

图77　大腿肌群

　　阔筋膜张肌（tensor fasciae latae）起于髂前上棘，移行于髂胫束（髂胫束是强韧的纤维组织带，并沿腿部外侧下行，经过膝部），止于胫骨（图77）。臀大肌也止于髂胫束。在站立和行走过程中，阔筋膜张肌与臀大肌共同作用，稳定髋部和膝部。

　　股四头肌（quadriceps，意为"有四个头"）是位于大腿前方的一块强有力的肌肉，它是腿部重要的伸膝肌肉（图78）。实际上它是由四块肌肉组成的，四块肌肉全部附着于膝部的同一个点。股直肌（rectus femoris）因其笔直沿腿部向下走行而得名（rectus，意为"笔直的"），它起于髂骨的两个部位（即髂前下棘与髋臼上方），垂直向下走行至膝部，形成一个扁状肌腱连于髌骨，然后向下延成髌韧带，止于胫骨粗隆。

　　股外侧肌和股内侧肌（vastus lateralis 和 vastus medialis，分别表示"外侧

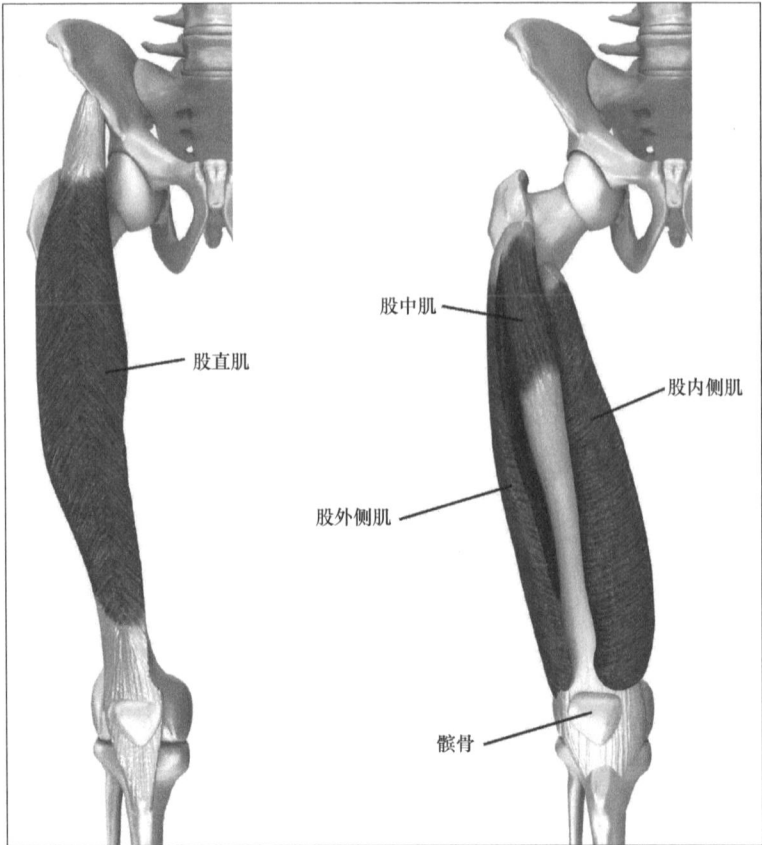

图78　股四头肌

大肌肉"和"内侧大肌肉")分别起于股骨上部的侧面和背面，纤维绕股骨斜行，并于股骨前方汇聚，汇入髌韧带。

股中肌（vastus intermedius）起于股骨干上三分之二外，汇聚于髌韧带。

股四头肌是膝部最为有力的伸肌，属于具有承重功能的伸肌系统的一部分。一些伸膝肌肉也是屈髋肌肉，如股直肌。

第三组肌群为股后肌群，又叫腘绳肌（hamstrings）（图79）。股后肌群的作用是屈膝伸髋。其名称来源于在驯养动物时切下这些肌肉，使动物不能自由活动，造成残疾（hamstrung）。股二头肌（biceps femoris）有两个头，一个头起于坐骨结节，而另一个头起于股骨干下半段。两头汇聚止于腓骨头。

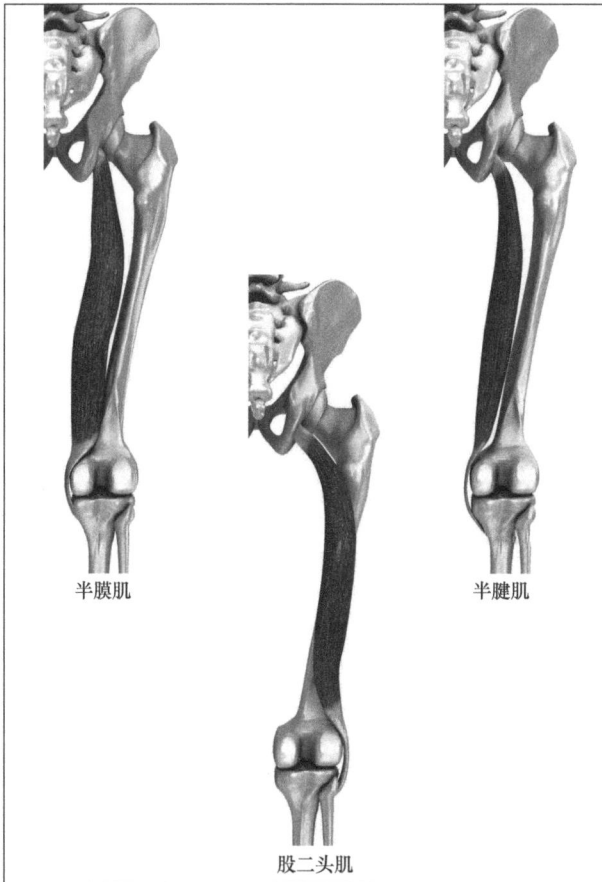

半膜肌　　　半腱肌

股二头肌

图79　股后肌群（腘绳肌）

半腱肌（semitendinosus）起于坐骨结节，以长腱止于胫骨干上段内侧面。

半膜肌（semimembranosus）也起自坐骨结节，止于胫骨内侧髁。

这三块腿后肌肉均起于坐骨结节；当坐在椅子边缘处时，我们能够感觉到位于坐骨结节前面的这些肌肉受到了椅子的挤压。股后肌群收紧时会使很多人无法保持在坐姿时伸直膝关节，或直膝体前屈时不能碰到自己的脚趾。这三块腿后肌肉穿过膝后部，止于小腿骨，其中两块肌肉止于胫骨，另外一块肌肉止于腓骨外侧。

我们已经讨论了大腿各肌群的位置（股后肌群位于大腿后面，内收肌群位于大腿内侧，伸肌位于大腿前面），现在我们来讨论它们在腿部大范围活动中所发挥的作用。髋部周围短肌的主要功能是移动腿部和在髋关节支撑身体。与之相反的是，大腿的肌肉起始于骨盆和股骨，沿大腿全长向下走行，止于膝下方的胫骨与腓骨，其中有一些肌肉同时越过了髋关节和膝关节。经过两个关节的肌肉称为"多关节肌"（与只跨过一个关节的单关节肌相对应），它能够在大范围的运动中（如行走、跑步或踢腿）同时作用于膝部和髋部。此外，由于这些肌肉较长，它们的收缩幅度大于髋部周围的短肌，故能够完成负重更大、幅度更大的运动。

在这些长肌中，我们知道阔筋膜张肌起于髂前上棘，止于髂胫束，而髂胫束是一束位于大腿外侧止于胫骨的强韧纤维带。股薄肌起于耻骨，向下走行于大腿内侧，止于胫骨。缝匠肌是一块扁带状肌肉，起于髂骨，经过大腿，止于胫骨内侧。一些股后肌群也是双关节肌，起于坐骨，通过作用于胫骨和腓骨的背面，使腿部可以进行较大范围的运动。最后是股直肌，它是股四头肌中的一块肌肉，起于髂骨，经过髌骨后间接地止于胫骨，并作用于髋部与膝部。

此外，腿部的长肌群与起稳定作用的短肌不同，能使大腿在髋部和小腿在膝部做出较大范围的动作。而跨越两个关节的肌肉能使腿部运动更加有力和流畅。

29
膝部、小腿和踝部

膝关节是全身最大的关节。观察胫骨时，会发现它是位于小腿、承受来自大腿全部重量的骨骼（图81）。胫骨顶端宽而平坦，形成与股骨远端相连的平面。股骨远端与胫骨的接触面较宽大，这为膝关节承重提供了一个宽而稳定的区域。

膝关节的主要运动形式是屈曲和伸展，其功能与铰链关节相似（图80）。它由位于股骨末端的股骨髁与胫骨髁上的两个凹槽相吻合构成。位于胫骨上方的纤维软骨是半月板，它加深了股骨髁处的凹陷。半月板能够缓冲和分散股骨对胫骨的压力，增强对关节内滑膜液的吸收。膝关节由髌骨、股骨髁和胫骨髁共同组成，整个膝关节被能够分泌滑膜液的囊性结构包绕。

髌骨（patella，拉丁词汇，意为"小盘子"）是将要讲述的膝部的最后一部分内容。我们已经了解股四头肌最后汇聚为一个肌腱后连接髌骨。该肌腱经髌骨继续向下，止于胫骨粗隆。当屈膝时，股骨会在胫骨上滚动和滑动，股四头肌肌腱在似滑轮的股骨髁之间的凹陷处滑动，而髌骨会与股骨发生相对滑动。

然而，膝部并不像肘关节那样稳固，它主要由韧带来维持稳定。膝关节主要由四条韧带支撑。在膝关节内有前后交叉韧带（anterior and posterior cruciate ligaments），防止胫骨前后移位。副韧带（collateral ligaments）位于关节两侧，防止关节向侧面移动。当过度伸膝时，副韧带紧张，使膝关节锁死。当屈膝时，大多韧带处于松弛状态，允许其做各种运动。膝关节在屈曲位时可以轻微旋转，但一般情况下，膝关节就和铰链关节一样，主要进行屈膝和伸膝运动。

小腿同前臂一样，也是由两块骨组成的，即胫骨与腓骨（图81）。胫骨（tibia，意为"管"或"笛"）外形笔直，是主要的承重骨。在胫骨上端，胫骨联合股骨构成了全身最大的关节——膝关节。在胫骨底端，胫骨联合跗骨（即距骨）构成了一个踝部的铰链关节（图82）。

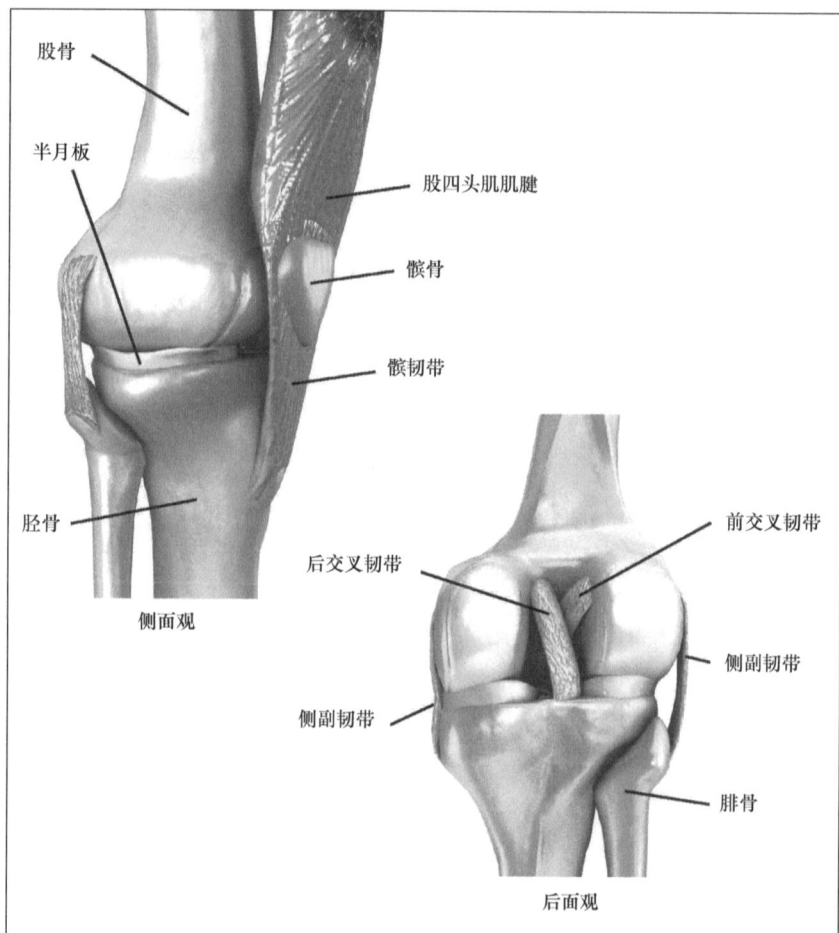

股骨

半月板

股四头肌肌腱

髌骨

髌韧带

胫骨

侧面观

后交叉韧带

前交叉韧带

侧副韧带

侧副韧带

腓骨

后面观

图 80　膝关节

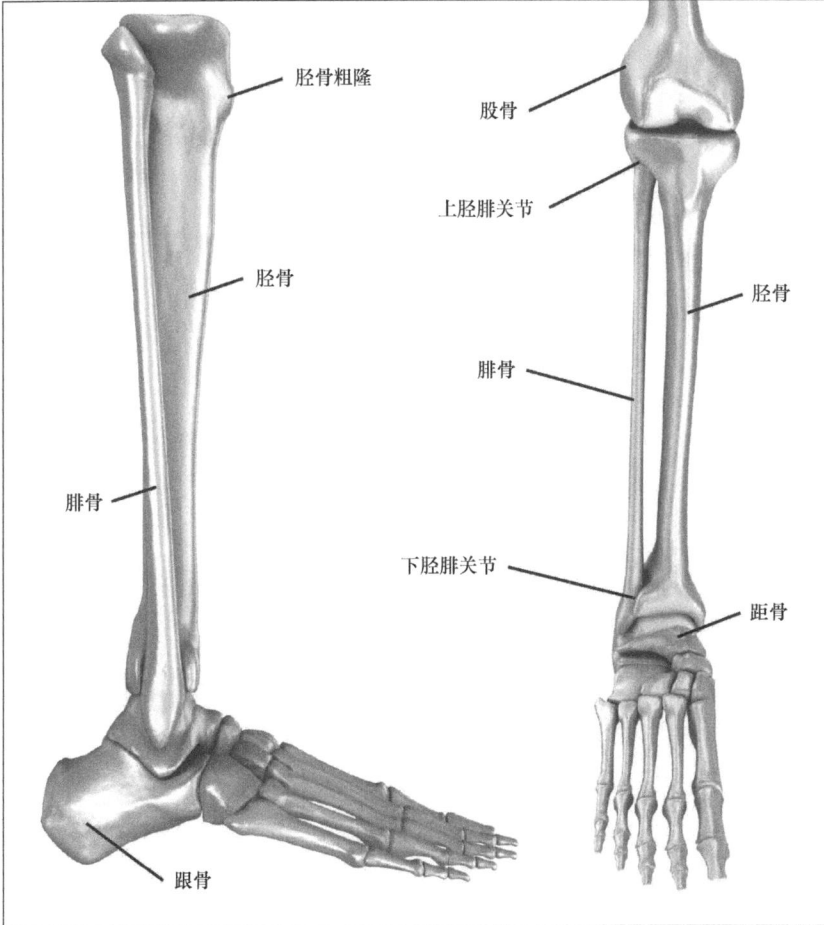

图 81　小腿骨骼

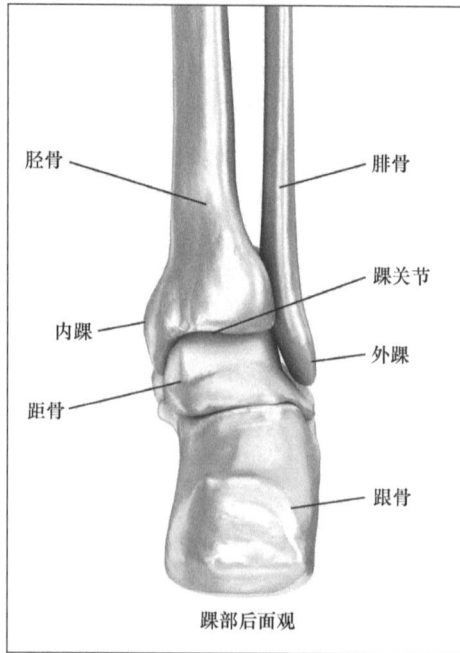

图 82　踝关节

　　腓骨（fibula）是小腿的第二块骨。它比胫骨细小，不是小腿的主要承重骨；它位于胫骨外侧，并且分别在其近端与远端构成上、下胫腓关节（superior and inferior tibiofibular joints）。胫骨和腓骨同尺骨和桡骨一样由骨间膜相连接。腓骨因其外形与罗马搭扣相似（一种可将宽大袍子固定的针）而得名。

　　腓骨的功能虽不如胫骨的显著，但它有一些功能是不可或缺的。在站立位中，胫骨承受来自股骨的重量，并将该重量传至脚踝。胫骨由骨间膜与腓骨相连，分散了承受的重量，并且能够缓冲来自足部的冲击。与前臂相比，小腿骨间膜的网状结构帮助将局部压力分散和缓冲，以承受更大的压力。因此，虽然直观上看只是胫骨承受重量，但实际却是胫腓骨联合作用，共同承受压力。腓骨也是一些肌肉的附着部位。胫腓关节虽然不能像尺骨和桡骨一样做大量的运动，但它们参与组成我们即将讨论的踝关节。

　　小腿部有一些重要骨性标志部位，首先是胫骨，它是一块大而粗壮的三面状骨；它有突出于小腿前面的骨嵴，故易发生挫伤和擦伤。胫骨粗隆是位于膝部下方的突起（图81）。当使用双膝爬行时，负重的部位不是髌骨或膝部，而是胫骨上端突起；该部位与肘部鹰嘴相对应，在使用肘部和膝部爬行时，上肢负重部位即为鹰嘴。位于膝部外侧的隆起为腓骨头；足部背屈时，能感觉到它的移动。

　　之前学习了由胫骨上端和股骨构成的膝关节。接下来我们来学习踝关节（图82）。胫骨下端与位于踝部中心骨的距骨（talus）相连，而距骨位于跟骨（calcaneus）上方。因此来自股骨的重量向下传导，沿胫骨传递至距骨和跟骨上。胫骨和腓骨共同参与构成踝关节。在距骨内侧和胫骨下方有一隆起，称为内踝（medial malleolus，拉丁语，意为"小锤子"）。腓骨向下走行至距骨外侧，形成外踝。距骨与这些骨形成关节，并且允许足部进行背屈、跖屈运动，即使脚趾靠近胫骨与远离胫骨运动。因此，胫骨底与距骨顶相连，内外踝于两侧如同钳子般夹住距骨，形成一个铰链关节。内外踝是能够在踝部两侧触及的骨性突起，即外踝位于外侧（腓骨），内踝位于内侧（胫骨）。当握住内外踝，跖屈踝关节时能够直接感觉到踝关节在两个"钳子"之间的运动。

　　腓骨也是踝关节的重要组成部分。之前提过，腓骨与胫骨在两端相连，形成上下胫腓关节（与前臂的两个桡尺关节相对应）（图81）。髁关节背屈和跖屈时，足踝要针对踝关节的运动方式来进行轻微调整，进而使距骨能够在足踝内进行移动。两个胫腓关节参与上述运动（在踝部屈曲足部时，你能在上胫腓关节处感觉到腓骨的移动）。因此，胫腓骨所构成的关节的运动主要与踝关节的运动相关。从这个意义上讲，腓骨与前臂的桡骨相对应；它的重要性并非因为它与长骨相连，而是由于它是踝关节的重要组成部分，连接着下肢与足部。

　　此外，还有一些踝部韧带需要了解（图83）。三角韧带（deltoid ligaments）位于踝内侧，起于内踝，止于踝周骨组织。距腓前、后韧带位于踝部外侧面，起于外踝，止于距骨，而跟腓韧带（calcaneofibular ligament）起于外踝，止于跟骨。一般踝部扭伤时距腓前韧带常常会被牵拉或撕裂。

　　小腿骨还包括7块跗骨（tarsal），即7块踝骨（tarsal源于希腊词汇tarsus，表示"烘干的箩筐"）（图84）。距骨（talus，拉丁词汇，意为"踝骨"）与胫骨相连形成踝关节。跟骨（calcaneus，源自拉丁词calx，意为"足跟"）是最大、最坚固的跗骨。还有5块跗骨：足舟骨（navicula bone，意为"船"）、骰骨（cuboid，希腊词汇，意为"立方体外形"）以及3块楔骨（cuneiform bones，原形为cuneus，意为"楔形外观"）。此处有5块与手部掌骨相对应的距骨（metatarsals），姆趾有2块趾骨，其他脚趾各有3块趾骨（phalanges），这与手指拇指指骨相对应。接下来将学习足部关节和作用于踝部、足部的小腿肌肉。

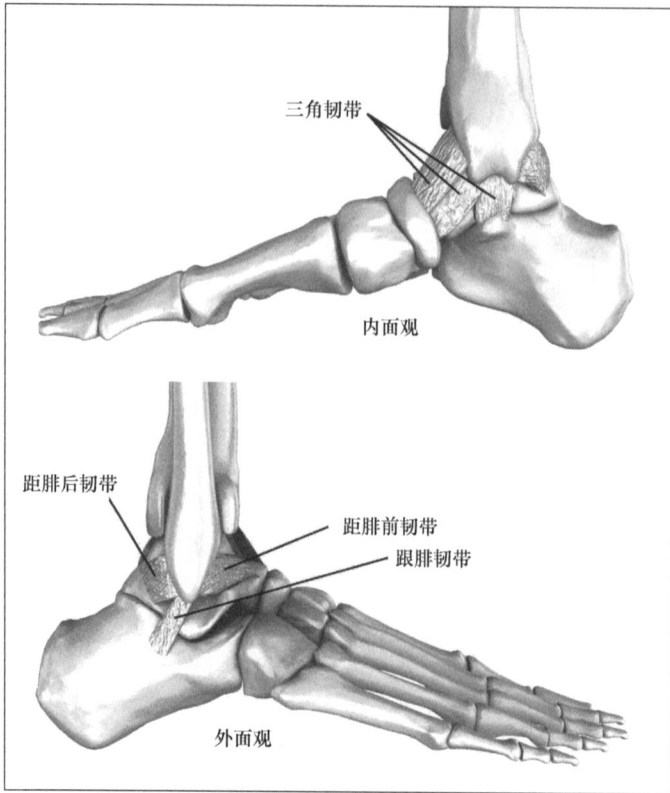

图 83 踝部韧带

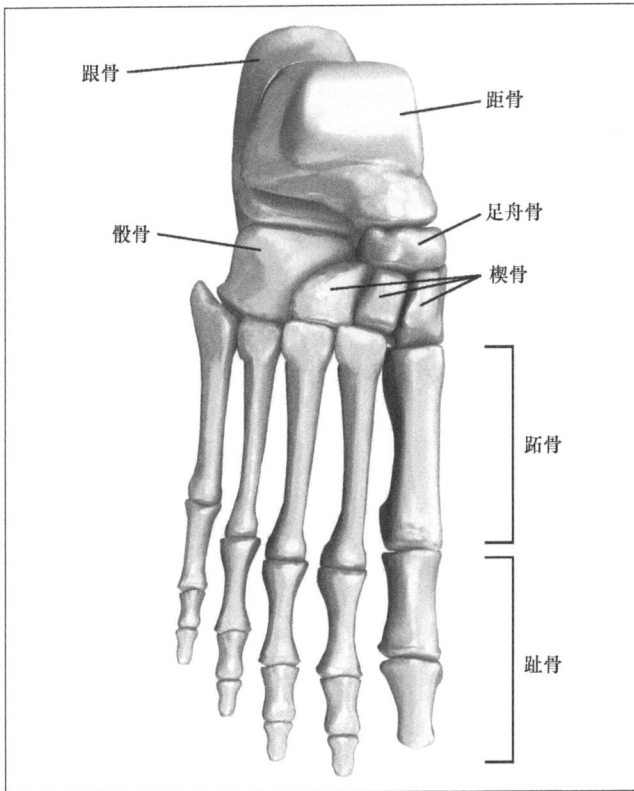

跟骨

距骨

足舟骨

骰骨

楔骨

跖骨

趾骨

图 84　足骨

30
踝部与足部肌肉

　　在讨论作用于踝部和足部的小腿肌肉之前，我们先来了解踝关节下的足部的关节。踝关节是最重要的足部关节，但并不是唯一重要的足部关节。事实上足部关节是由大量复杂关节组成的。当身体处于凹凸不平的地面上或腿部处于不同姿势时（如单腿蹬伸），如果仅有踝关节移动，则足部不能与地面充分接触。足部有一些关节使足部侧向移动，以调整足部与地面的位置。足弓是由一系列骨骼构成（足部共有26块骨），这些骨联合运动，使得足部足够灵活并能够缓冲冲击。

　　首先，学习能够使足完成侧向移动的足部关节：当你活动踝部时，会觉得踝关节并不是个简单的铰链关节，而像是一个可以使踝自由旋转的球窝关节。正如我们所看到的，距骨在足部是十分重要的，它能够与腿骨联合形成踝关节，但因内外踝像钳子一样将其固定，因此它在踝关节处只能进行屈伸运动。足部其他运动，即内翻与外翻的侧向运动，并不是发生在踝关节处，而是发生在距骨与其他足骨之间。

　　实际上，这个运动是由几个关节面共同作用完成的。首先是跗骨间骨，即足舟骨与骰骨，它们与距骨和跟骨相连，并联合作用使足前部可以移动。足舟骨的一个凹面与距骨前的一个球形部分相嵌合，二者构成一种球窝关节，该关节能够使足绕距骨旋转。骰骨，能够与跟骨联合运动，因此两块跗骨的运动均与踝关节和足跟运动有关。它们组成的关节叫作跗骨间关节或跗横关节（图85）。随着年龄增长，大多数人的跗横关节会变得僵硬，而足部又需要在此关节处具有一定的灵活性，所以说这个关节尤为重要。足部即便在负重时，它的前部仍然可以向后、向前移动，并能感觉到足部是如何绕着距骨旋转的。

　　距骨下关节面与跟骨共同构成了距跟关节（talocalcanean），又名为距下关节（图85）。该关节能够使距骨和跟骨联合运动，构成关节复合体。需要记住的是这些关节属于足部关节，而不是踝关节。这些关节作为一个整体具有一个重要的功能，即能够使脚向内或向外运动（内翻或外翻）来调整足部与

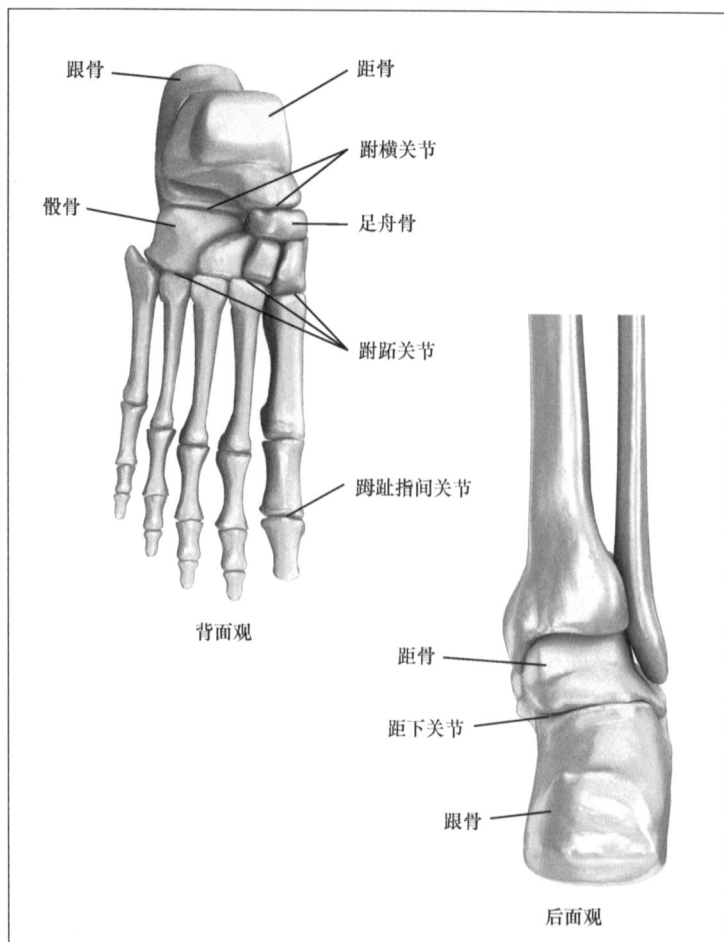

跟骨

距骨

跗横关节

骰骨

足舟骨

跗跖关节

跗趾指间关节

背面观

距骨

距下关节

跟骨

后面观

图 85 足部关节

地面的位置关系。这些关节与踝关节联合作用，可以使足部朝向各个方向转动，使足部看上去就像一个具有很大灵活性的球窝关节。

　　距骨顶端有一个将足部与腿部相连形成的铰链关节；在其前方和下方有两个关节，它们以一个关节复合体的形式发挥作用，能够使足侧向移动。包括踝关节、距跟关节以及跗骨间关节在内的关节的共同作用赋予了足部较大的自由性和活动度。从这个意义上来讲，和手部一样，足部具有很多关节，包括小腿的胫腓关节在内，足部在这些关节的作用下能够自由活动；同时有一系列复杂的小腿肌肉经过踝部后，作用于足部和脚趾，而这些肌肉均与前臂肌相对应。

　　除了距下关节和跗横关节之外，足部还有一些关节，即位于跗骨之间及跗骨、跖骨之间的关节，统称为跗跖关节（tarsometatarsal joints）（图85）。足弓的存在是为了适应压力与辅助运动，组成足弓的每块骨之间均能够进行轻微活动。这些关节使足部变得具有弹性，所以在不平坦地面行走和负重时，足弓能够起到减震的作用。

　　最后要说的就是与手部指关节十分相似的趾关节。和手部一样，蹈趾有2块趾骨，其他脚趾各有3块趾骨，除了能够做内收与外展运动的跖趾关节（metatarsophalangeal joint）外其他关节均为铰链关节。

　　然而脚趾有一些与手指不同之处。首先是手指能够屈曲并抓握物体，但伸展范围并不大，而脚趾为满足行走的需求，可以进行很大程度的伸展；其次，蹈趾不具备与其他脚趾相对发力并拿捏物体的能力，不能与其他脚趾进行相对运动。蹈趾跖骨头下方有两块具有减震作用的小骨，名为籽骨（sesamoid）（无图示）。脚趾明显短于手指，且不能进行精细运动。蹈趾处主要的关节为第一跖趾关节，它在维持身体平衡和迈步时帮助身体向前发力方面发挥着重要作用。脚趾其他关节也能够维持身体平衡，但作用不如在类人猿中那般重要，因为类人猿使用这些关节可以完成抓握运动。

　　现在我们来学习作用于足部和踝部的小腿肌群。该肌群具有两大功能。第一个功能是它们能够活动脚踝，帮助运动。第二个功能是当足部固定于地面上时，它们能够帮助稳固踝关节，在维持姿势平衡与稳定方面发挥重要作用。人类使用双足站立并以踝关节为支点，前后并没有固定，这使得我们不够稳定。而四足动物在侧面、前后面均有支点。人类的脚比较长，足部与地面之间有很多接触点，并且足部和踝部有很多敏感的肌肉，它们可以通过迅速感知平衡变化来弥补身体向前和向后的不稳定性，使我们能够在双脚上保持平衡。

　　同手部一样，有很多小腿肌肉作用于足部，包括足部的固有肌，我们将在下一节讨论这些肌肉。足外肌可分为三个主要区域：位于小腿前方的肌肉（伸肌）；位于小腿侧面的肌肉（腓骨肌）；位于小腿后方的肌肉（屈肌）。这些肌肉同位于前臂的手外附肌一样，起于上述三个区域，穿过踝部，以支持带或肌腱的形式终止。起于腿前方伸肌的肌腱，于伸肌支持带下方通过（伸肌支持带位于足背，由几束肌腱构成），并继续沿足背或脚尖走行（图86）。屈肌支持带位于踝部内侧（无图示），起于腿后面屈肌的肌腱，在屈肌支持带下方、足弓下方通过，走行至足底。腓骨肌支持带（peroneal retinaculum）

位于足部外侧面（图87），起于腓骨区的肌腱，经过外踝后方，于支持带下方走行，止于足部外侧缘。

以下为位于腿部前方的肌肉（图86），胫骨前肌（tibialis anterior）起于胫骨粗隆外侧和胫骨干上段及骨间膜，移行于肌腱后止于楔骨和第一跖骨。它能使足部背曲与内翻。

踇长伸肌（extensor hallucis longus）起于腓骨中段和骨间膜，止于踇趾最后一趾骨。它的功能是伸踇趾与使足部背屈。

趾长伸肌与手部指长伸肌相对应，它起于腓骨干与腓骨上方胫骨外上髁和骨间膜，分为四个肌腱后分别止于其他四个脚趾尖，它能够使脚趾和足部背屈。

腓骨肌有三块（图87）。第三腓骨肌（peroneus tertius, peroneus意为"与腓骨相关"）是趾长伸肌的一个分支。它起于腓骨下四分之一段，止于第五跖骨。

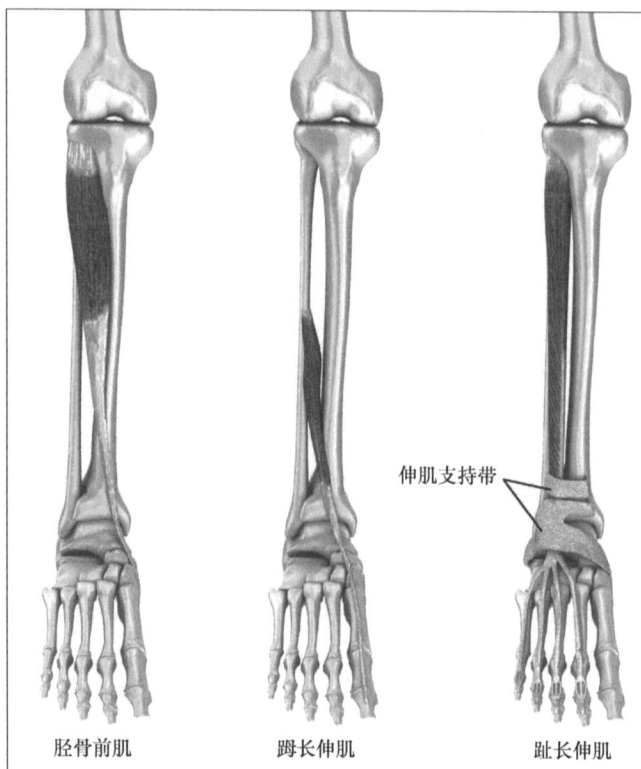

伸肌支持带

胫骨前肌　　　　踇长伸肌　　　　趾长伸肌

图86　小腿前侧肌群

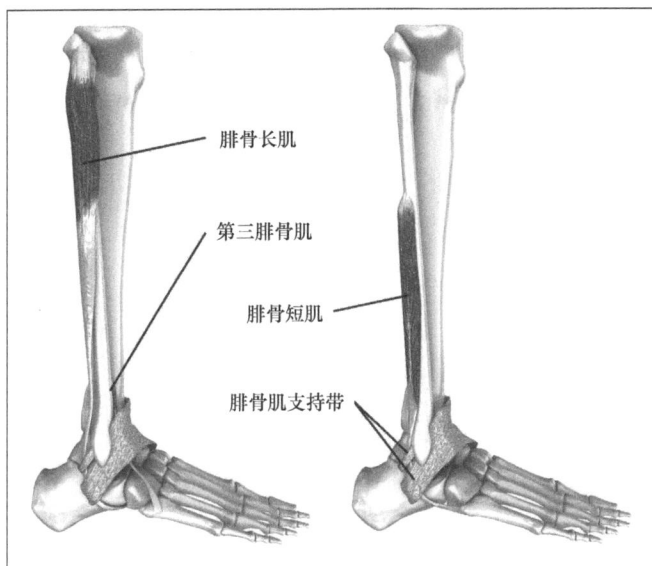

图87　小腿外侧肌群（腓骨肌群）

　　小腿外侧肌有两块，即腓骨长肌（peroneus longus）与腓骨短肌（peroneus brevis）。腓骨长肌起于腓骨头、腓骨干上三分之二段，移行为肌腱后，斜行穿过整个足底，止于第一跖骨。腓骨短肌起于腓骨干下三分之二段，止于小趾跖骨。

　　小腿后侧有五块肌肉，其中有两块肌肉位于膝部后方（图88与图89）。趾长屈肌（flexor digitorum longus）起于胫骨干，于足底处分为四条肌腱，止于其他四趾的远节趾骨。该肌肉有助于形成足弓，并且能够使脚趾和踝关节屈曲并帮助足内翻。

　　胫骨后肌（tibialis posterior）为小腿最深层肌肉，起于胫骨、腓骨和骨间膜，止于足舟骨和第一楔骨。它能使足部屈曲和内翻，它的肌腱与腓骨肌肌腱共同形成了一条环绕足部，并能够从足部两侧支撑足弓的悬带。胫骨后肌亦是一块重要的姿势肌，膝部伸肌能够使腿部伸展，身体保持直立站姿，小腿深层屈肌能够使胫、腓骨固定在踝部上方，从这个意义上讲，它是帮助我们对抗重力的伸肌系统中的重要部分。

　　蹬长屈肌（flexor hallucis longus）起于腓骨干下三分之二和骨间膜，以一长腱止于蹬趾远节趾骨（"hallucis"指的是蹬趾，"pollicis"指的是拇指，两者相对应）。该肌肉除了有助于足弓形成以外，还能够使蹬趾与踝部屈曲，在走路与跑步时，起辅助作用。

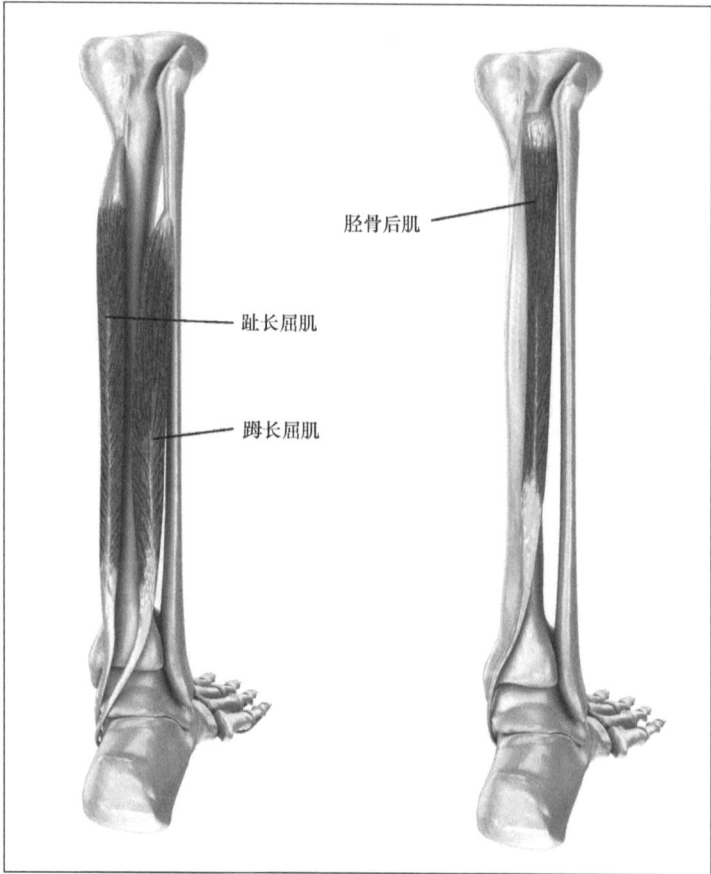

图88   小腿后侧肌群

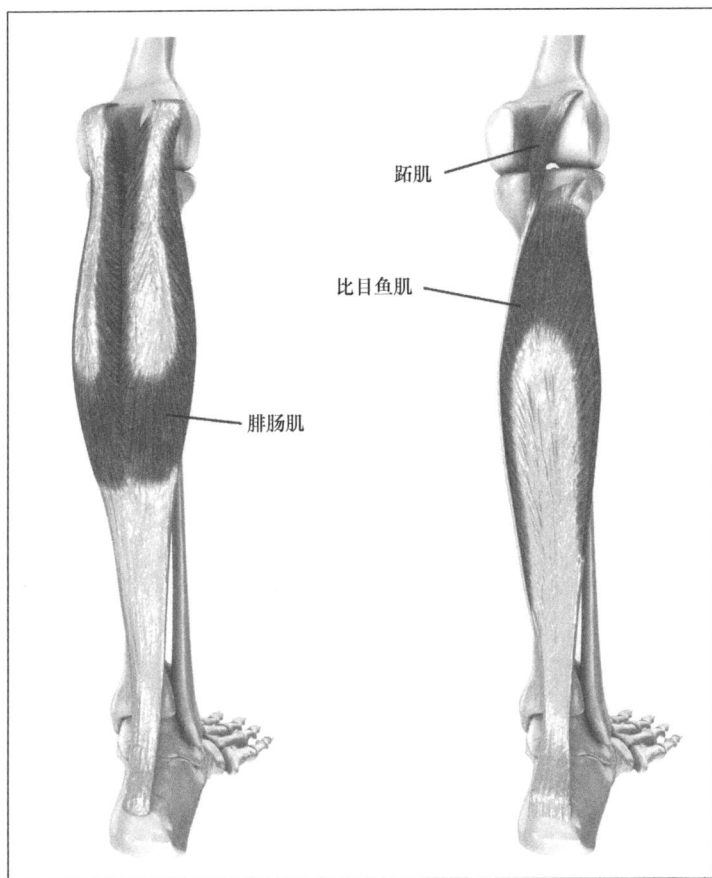

图89　小腿后侧肌群（续）

　　小腿后侧最大的两块肌肉就是比目鱼肌（soleus）和腓肠肌（gastrocne-mius）。二者均通过跟腱（achilles tendon），即全身最粗大的肌腱，止于足跟。该肌腱长约6英寸（约15.2厘米），于踝后部形成一个突出的嵴，在踝部下方分散，止于整个跟骨下段。比目鱼肌因其形似比目鱼而得名，其形状宽大而扁平，位于腓肠肌下方。它广泛起于胫骨和腓骨上端后侧，汇入跟腱后止于跟骨。该肌肉能够使足和踝关节屈曲，在站立时能支持双腿。腓肠肌是小腿后方的浅层肌肉，并构成小腿后部肌群的主体。它的两个头起始于股骨髁上方，与比目鱼肌一起通过跟腱止于跟骨。它最显著的作用就是跖屈足部。

　　最后要说的是跖肌（plantaris），它是一块位于膝部后方的小肌肉，它有一根标志性长腱，于比目鱼肌和腓肠肌之间穿过，止于足跟。其肌腹起于股骨干，经过膝部后方，长3～4英寸（7.6～10.2厘米）。其长腱斜行经过小腿后方，汇入跟腱一同止于跟骨。该肌肉是腓肠肌的辅助肌。

31
足部固有肌

在上一节我们学习了能够活动足踝、屈伸脚趾的腿部肌肉。现在我们来讨论这个结构复杂，并在维持平衡和前行的运动中发挥作用的足部固有肌群（位于足部的肌肉）。足背部只有两块肌肉，而位于跖面（Plantar，拉丁词汇，意为"足底"，它与手掌面相对应）的肌肉超过20块，分为四层，和手部固有肌一样复杂。因为我们并没有对其进行分层解剖观察，所以我们将按手部固有肌分类方法那样，根据其功能进行分类。

趾短伸肌（extensor digitorum brevis）与姆短伸肌（extensor hallucis brevis）位于足背（图90）。二者均起于跟骨，斜行经过足部，之后分为四根肌腱，姆

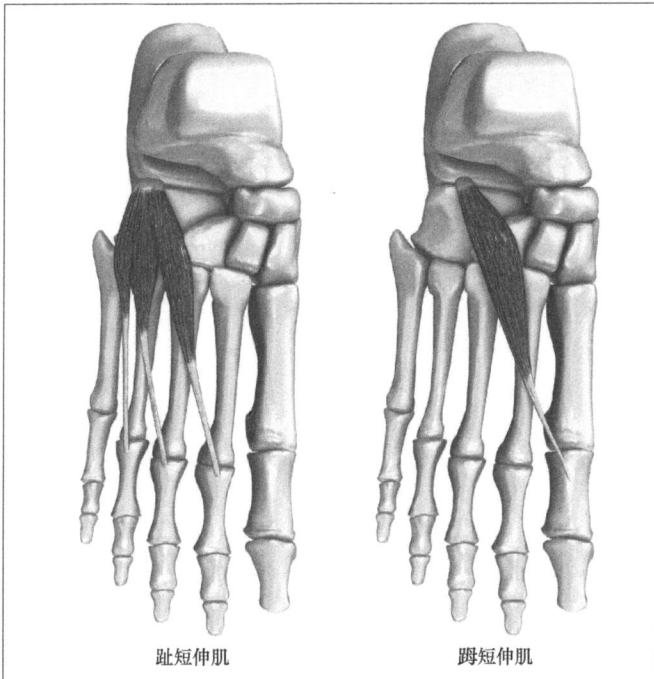

趾短伸肌　　　　　　　　　　　姆短伸肌

图90　足部固有伸展肌群

短伸肌止于姆趾近节指骨，而趾短伸肌止于第二至四趾趾骨。它们的功能是辅助趾外伸肌，即姆长伸肌（extensor hallucis longus）与趾长伸肌（extensor digitorum longus），这些肌肉之间协同作用可以使脚趾伸展。

足底肌可分为四组：位于跖骨间的骨间肌群，作用于小趾的肌群，作用于姆趾的肌群和辅助四个脚趾屈曲的肌群。

足部骨间肌（interossei）与手部骨间肌相对应，是足底最深层的肌肉（图91）。这些肌肉填补了跖骨间的空隙，并且起于这些间隙，止于其他四趾趾骨。足部有四块足背骨间肌和三块足底骨间肌，其中足背骨间肌能够外展和屈曲脚趾，而足底骨间肌能够内收脚趾。

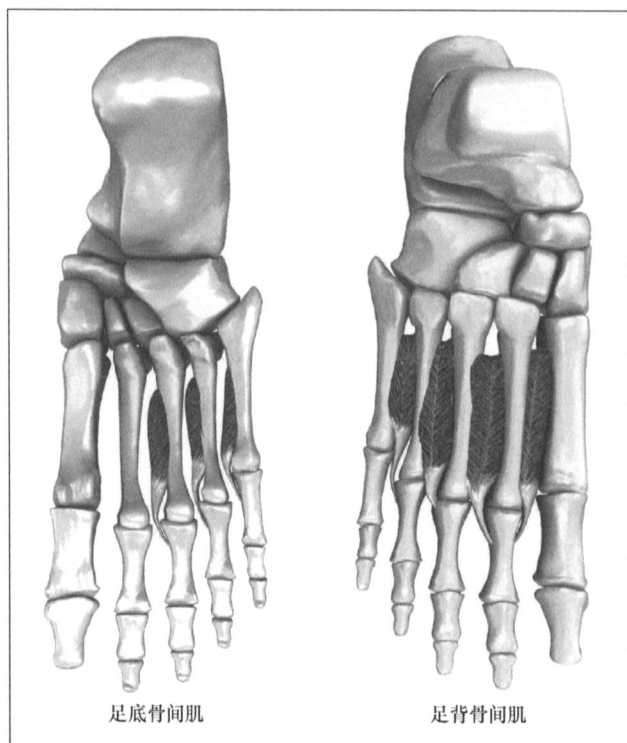

足底骨间肌　　　　　　　足背骨间肌

图91　骨间肌

小趾肌有两块，分布于足外侧区（图92）。小趾展肌（abductor digiti minimi）能够外展小趾，与手部小指展肌相对应。它起于跟骨，止于小趾近节趾骨底面。小趾短屈肌（flexor digiti minimi brevis）与手部小指短屈肌相对应，能够屈曲小趾。它起于第五跖骨，止于小趾近节趾骨外侧。

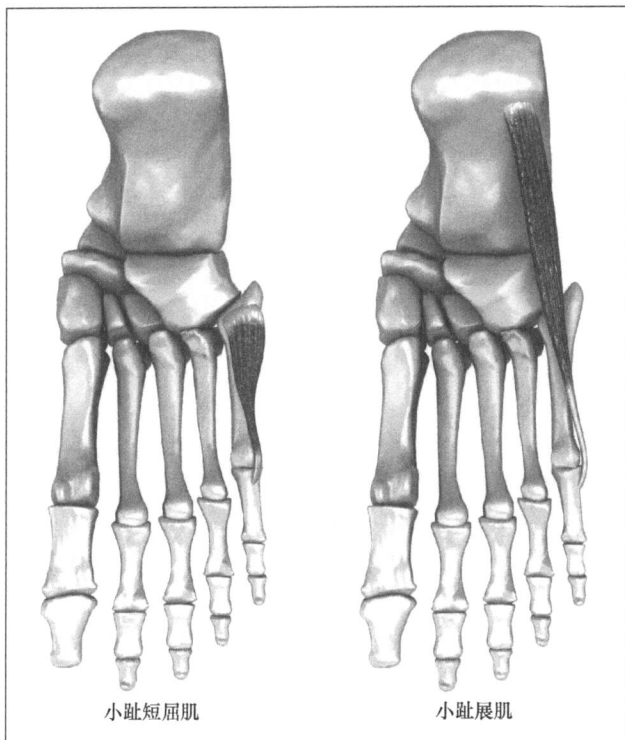

小趾短屈肌　　　　　　　　　　　　小趾展肌

图92　小趾固有肌

　　除了行经足部外侧区的内收肌，拇趾有三块肌肉（图93）。拇展肌（abductor hallucis）起于跟骨，止于拇趾近节趾骨底，其功能是外展和屈曲拇趾。

　　拇短屈肌（flexor hallucis brevis）起于骰骨和楔骨，分为两部分，分别止于拇趾近节趾骨各面。该屈肌有助于维持平衡。

　　拇收肌（adductor hallucis）有两个头，均止于拇趾近节趾骨，它能够使拇趾内收。其中一头起于第二至四跖骨，斜行经过足部，止于脚趾；另一头起于第三至五趾的韧带，行经足横弓，与胫骨后肌、腓骨长肌一同走行，具有固定的作用。

　　足部有几块能够辅助脚趾屈曲的肌肉（图94）。足底方肌（quadratus plantae）或称副屈肌，起于跟骨，汇入趾长屈肌肌腱。它能够辅助趾长屈肌屈曲脚趾；它的走行方向与脚趾平行，故能够将脚趾长屈肌的斜向拉力调整为垂直向后的拉力。足部与手部一样，有四块蚓状肌，起于趾长屈肌肌腱，止于趾长伸肌肌腱，而趾长伸肌止于脚趾。蚓状肌与骨间肌合称为脚趾屈肌。

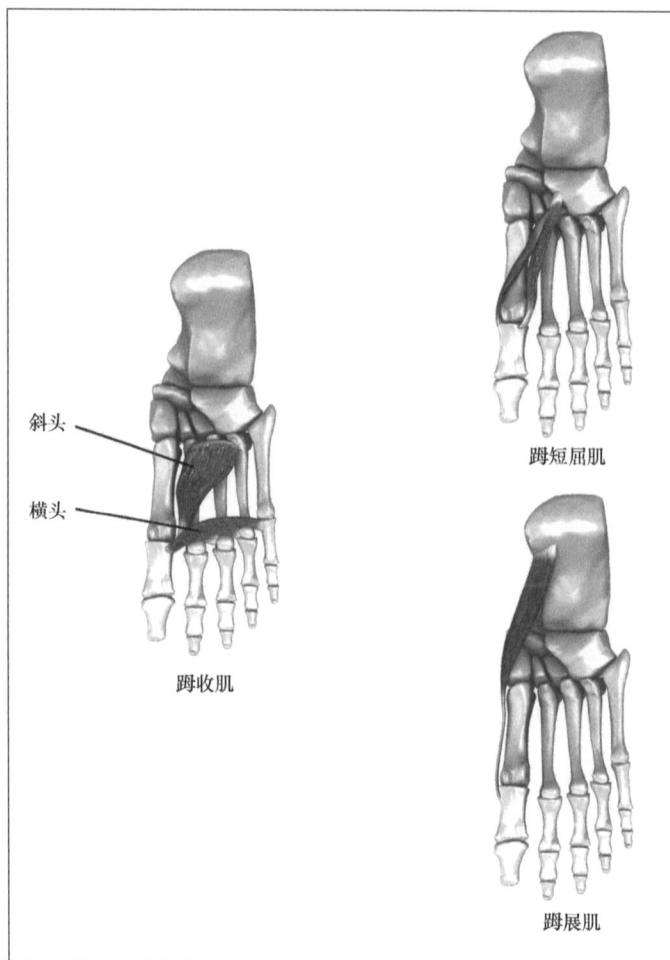

斜头

横头

蹈短屈肌

蹈收肌

蹈展肌

图93　蹈趾固有肌

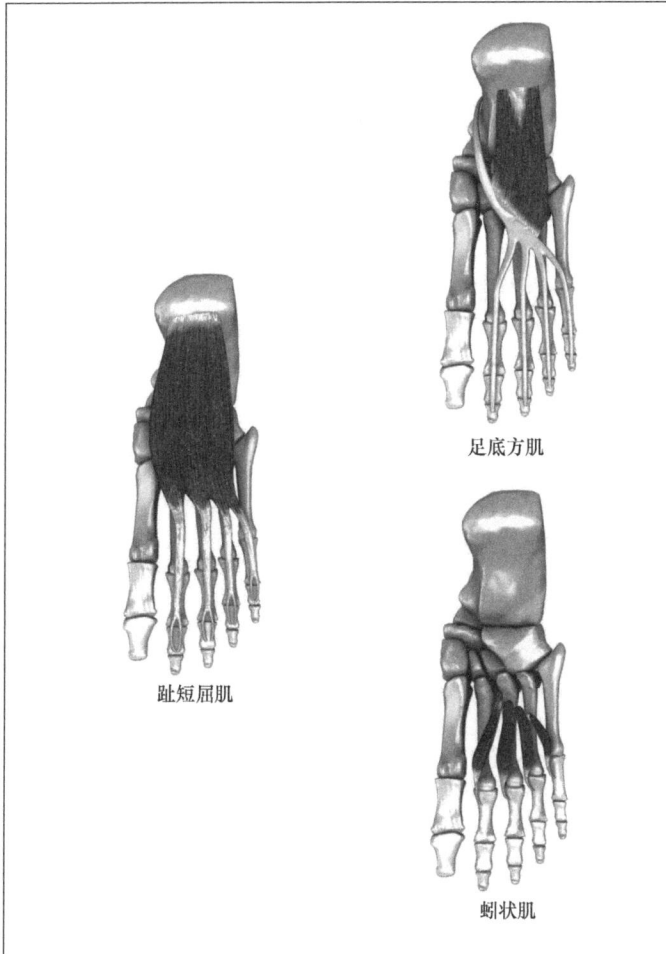

足底方肌

趾短屈肌

蚓状肌

图94　脚趾固有屈肌

趾短屈肌（flexor digitorum brevis）起于跟骨，之后分为四根肌腱，分别止于其余脚趾的中节趾骨。其功能是屈曲近、中节趾骨。

谈到足弓，很多人认为它是连接足前部与足跟之间的一个长弓。然而，足部并不只有两个负重支持点，而是有三个，即第一跖骨头、第五跖骨头和足跟，三者相互构成拱状结构，形成了一个三脚架状结构，有时称之为足底穹隆（plantar vault）（图95）。其中最为主要的足弓称为内侧纵弓（medial arch），在弹跳离开地面时，能清晰感觉到它。外侧纵弓（lateral arch）位于足外侧第五跖骨头和足跟（它并不容易感受到，因为有肌肉的填充）。

最后一个足弓横跨前两个支持点，名为横弓（transverse arch）（也不易察觉）。如果明确了足部的三个主要承重点，即第一跖骨头、第五跖骨头及足跟，将三者之间连成一个三角形，那么就能很容易地理解这些足弓。这三条连线就是三个足弓，两个纵向足弓和一个横弓，它们有弹性减震的功能，当行走在凹凸不平的地面上时，它能够调整足部与地面的接触面。

在站立位时，体重会由距骨上方的胫骨传递至足跟，但还有一部分重量会向前传递。这就意味着来自小腿的重量并非直接向下传递至足跟或三个足弓上，而是传向这个三角形的后方，所以是足跟大约承受了全身一半以上的重量。

这些足弓由其骨性结构构成，并有韧带和肌肉支撑着。胫骨后肌、腓骨长肌和踇长屈肌支持内侧纵弓。腓骨长肌、腓骨短肌和小指展肌支撑着位于足外侧面的外侧纵弓。而横弓则是由腓骨长肌、胫骨后肌及踇收肌支撑。因此，足弓是由多肌肉共同支撑的，从这个意义上讲，足弓属于姿势维持系统的一部分，这就解释了为什么支撑足部骨骼的姿势肌的整体作用决定了足部与足弓的状态。

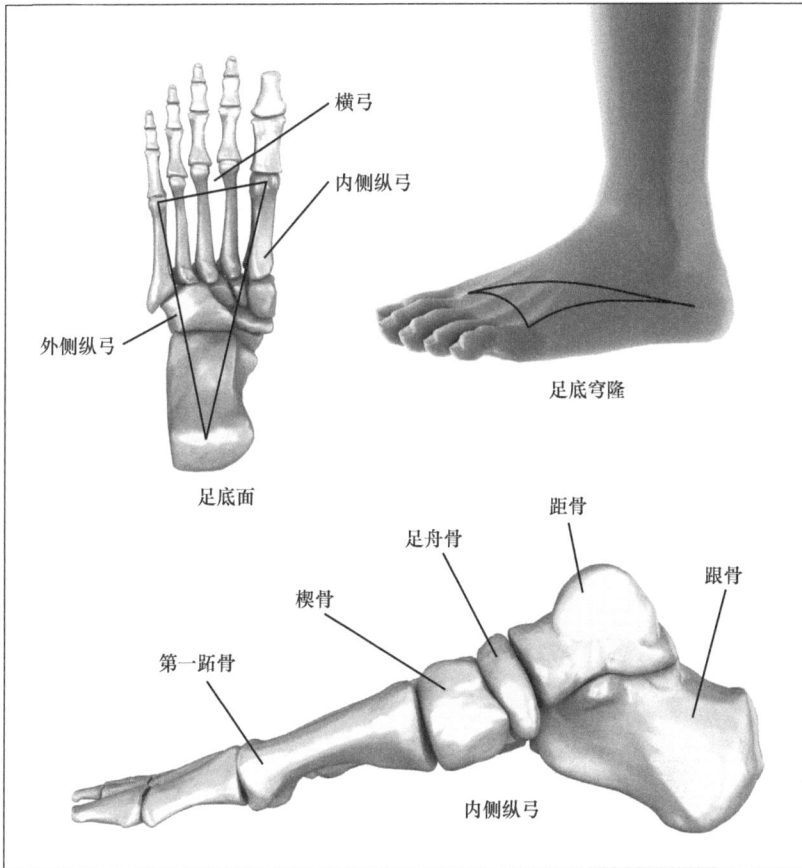

横弓

内侧纵弓

外侧纵弓

足底面

足底穹隆

距骨

足舟骨

跟骨

楔骨

第一跖骨

内侧纵弓

图95 足弓